5학년 2반
집중력 도둑

5학년 2반 집중력 도둑

1판 1쇄 발행 2024년 11월 20일
1판 2쇄 발행 2024년 12월 10일

지은이 김연희 **그린이** 박종호
발행인 김정경
책임편집 김정선 **마케팅** 김진학 **디자인** 디자인파크

발행처 터닝페이지
등 록 제2022-000019호
주 소 04793 서울 성동구 성수일로10길 26 하우스디 세종타워 본동 B1층 101/102호
전 화 070-7834-2600
팩 스 0303-3444-1115
대표메일 turningpage@turningpage.co.kr
인스타그램 www.instagram.com/turningpage_books
페이스북 www.facebook.com/turningpage.book

ISBN 979-11-93650-13-4 (73370)

5학년 2반
찝쭝력 도둑

글 김연희 | 그림 박종호

터닝페이지

차례

등장인물 1

민수

애교가 많다. 엄마가 화나면 '탕탕 후루후루' 춤으로 잔소리 위험에서 빠져나간다. 화장실에 오래 앉아 있는 습관 탓에 똥꾸멍 주변에 문제가 생겨 병원을 다녔던 경험이 있다.

민주

춤을 잘 추고 인기가 많지만, 소심한 편이라 다른 사람의 반응에 예민하다. 최근에는 친구들과 함께 춤 챌린지에 도전 중이다. 지혜의 멋진 춤을 보고, 챌린지 영상을 새로 찍어야 하나 고민한다.

지혜

친구들이 춤을 잘 춘다고 칭찬해 줄 때 기쁘다. 지금 친구들 사이에서 춤 챌린지를 하는 중인데, '좋아요'를 많이 받아 일등을 하고 싶은 욕심이 있다.

윤아

먹방 유튜버가 꿈이다. 소리만 들어도 유튜버가 누구인지 알 만큼 먹방에 관해서는 전문가다. 그러나 윤아가 먹방 유튜버를 하고 싶은 솔직한 이유는 싫어하는 음식을 먹지 않으려는 마음 때문이다.

지후

민주를 짝사랑하고 있다. 민주와 커플 댄스를 추는 게 소원이다. 엄마 몰래 늦게까지 쇼츠와 릴스를 보는 편이다. 엄마가 갑자기 방에 들어오면 스마트폰을 베개 밑에 숨겨서 자는 척 연기를 한다.

수진

춤을 잘 추고 싶지만, 몸치다. 늦게까지 춤추는 영상을 보는 까닭에 잠이 부족하고 아침에 입맛도 없다. 등교하자마자 책상에 엎드려 자는 게 일상이다 보니, 선생님에게 자주 지적을 받는다.

철우

유튜브를 보면서 틈틈이 수학 문제도 풀 수 있는 자칭 멀티플레이어. 하지만 실수투성이라는 것이 문제다. 엄마는 철우의 이런 습관을 고쳐야 한다고 말한다.

등장인물 2

혜림

연극 대회에 나가기 위해 연습 중인 작품에서 마법사 역할을 맡았다. 궁금한 걸 참지 못하는 성격이다. 모르는 단어가 나오면 바로 찾아봐야 하고, 재미있는 영상도 놓치기 싫어한다.

강두

게임 소설을 좋아한다. 주인공이 빌런을 무찌르는 장면을 가장 짜릿해하는 편이다. 친구를 잘 챙기고 학용품도 잘 빌려주는 다정한 아이다. 요즘은 진동 귀신 괴담 때문에 신경이 곤두선 상태다.

시현

게임을 너무 좋아한다. 게임중독자라는 말을 들을 정도이다. 한번 화가 나면 주체할 수가 없다. 욕부터 나오고 주먹을 휘두르려고 한다. 특히 게임할 때 방해받는 걸 가장 싫어한다.

윤서

철우에게 이별 통보를 받아 자존심이 상했다.
엎친 데 덮친 걸까. 같은 날 스마트폰 액정까
지 깨졌다. 엄마가 시험 끝날 때까지 새 스마
트폰을 사 주지 않겠다고 하자, 이참에 성적을
올리려고 애쓴다.

도하

웃긴 이야기를 좋아한다. 민수가 자기를 의심
해서 기분이 나빴지만, 친구의 사과를 뒤끝 없
이 잘 받아 준다. 가끔 자기가 했던 행동이나
말을 기억하지 못해 불안해하는 중이다.

송아

독서를 좋아한다. 혜림의 대본 연습을 도와주
기로 하면서 요즘 혜림과 친해졌다. 톡에 집중
하다가 윤서가 토라진 일 이후, 윤서를 신경
쓰고 있다. 누구보다 윤서를 절친이라고 생각
한다.

나은

주말 중 하루는 스마트폰을 사용하지 않고 있
다. 아빠가 '스마트폰과의 전쟁'을 선포했기
때문이다. 나은의 이야기가 선생님 귀에 들어
가면서 나은은 친구들 사이에서 조금 난처해
진다.

01
화장실에 사는 절친

: 민수 이야기

"민수야!"

방 밖에서 엄마의 목소리가 들렸지만, 민수는 들은 척하지 않았다. 일부러 그런 건 아니었다. 눈꺼풀이 무거워 눈을 뜰 수 없었다. 민수는 이불 속에 얼굴을 더욱 파묻었다. 그러나 가만히 지켜볼 엄마가 아니었다. 민수가 덮고 있던 이불을 획 젖혔다.

"일어나. 학교 가야지."

"알았어요."

쩌렁쩌렁한 엄마의 목소리에 민수는 겨우 몸을 일으켰다. 그래도 눈은 떠지지 않았다. 입을 헤벌쭉 벌리고, 게슴츠레 눈을 뜬 채 멍하니 앞을 봤다. 엄마가 팔짱을 끼고 민수를 내려다보고 있었다. 민수는 하품하며 기지개를 켰다. 엄마가 그 모습을 보고 있다가, "얼른 일어나!"라고 말하고는 민수의 방을 나갔다.

민수는 일단 애벌레처럼 꼬물꼬물 기어 나와 화장실로 갔다. 아침에 화장실에 가서 굿모닝 똥을 누는 게 민수의 오랜 습관이었다. 오늘도 어김없이 변기에 앉았는데, 뭔가 잊은 것 같고 볼일에 집중을 할 수가 없었다.

"왠지 허전하네……."

바로 그 순간, 민수는 손에 스마트폰이 없다는 사실을 깨달았다. 민수는 급하게 바지를 치켜올리고 방으로 뛰어가 스마트폰을 잡았다. 밤새 충전해 두었던 탓에 스마트폰이 따끈따끈했다. 마치 "주인님, 나는 따끈따끈 완충. 오늘 하루 준비 완료예요."라고 말하는 듯했다. 민수는 배시시 웃음이 나왔다. 스마트폰을 잡자마자 잠이 완벽하게 사라졌다.

민수는 다시 편안한 마음으로 변기에 앉아, 스마트폰 화면을 열어 단톡방에 들어갔다. 벌써 친구들이 수다를 떨고 있었다. 챌린지 영상에 관해 어젯밤에 많이 이야기했는데, 아직도 할 말이 남았는지 여전히 그 주제로 수다를 떨고 있었다. 민수는 대화 내용을 대충 다 읽었다. 그런 다음 어제 읽다 만 웹툰을 열었다.

"민수야, 뭐 해?"

엄마의 목소리가 들렸다. 민수는 대답하지 않았다. 대답을 안 했다기보다는 그냥 자신도 모르게 대답이 나오지 않았을 뿐이다.

"민수야!"

다시 딱딱한 엄마의 목소리가 들렸다. 그제야 집 나간 정신이 되돌아왔다.

"똥 싸고 있어요."

"똥 다 쌌으면 얼른 나오렴."

"아직 덜 쌌어요."

민수는 아예 허리를 반으로 접은 채, 손가락으로 스마트폰 화면을 스크롤하며 웹툰에 더 집중했다. 이야기는 갈수록 흥미진진했다. 민수는 멈출 수가 없었다.

"강민수!"

이름에 성을 붙인다는 건 위험신호였다. 엄마가 어느 정도 화가 났는지 레벨을 붙인다면, 지금은 꼭대기 폭발 직전 레벨이었다.

민수는 재빨리 물을 내리고 세면대에 섰다. 그러고는 세면대 위

거울 앞에 스마트폰을 세워 유튜브 앱을 열었다. 밤새 올라온 영상 섬네일이 반짝이고 있었다. 민수는 그중 게임 채널의 신작 게임 영상을 찾아 재생 버튼을 눌렀다. 눈을 뗄 수 없을 만큼 재미있는 플레이였다. 게임 영상에 몰입하느라, 하마터면 치약 거품을 삼킬 뻔했다. "웩" 소리와 함께 헛구역질하며 거품을 겨우 세면대에 뱉었다. 화장실 문이 와락 열린 건 그때였다.

"강민숫!"

"아, 엄마! 왜 노크도 없이 문을 열어요!"

"뭐? 노크? 이제 변기하고 절친이라도 됐니? 뭘 그렇게 키득거리며 오래 앉아 있는 거야?"

"지금 양치하잖아요."

"칫솔 친구랑 게임 얘기라도 했나 보지? 칫솔 친구 목소리였니?"

변기와 칫솔이 친구냐는 엄마의 핀잔에 민수도 언짢았다. 그러나 반박할 수는 없었다. 변기에 앉아서 유튜브 보는 재미에 화장실을 오래 사용하는 건 사실이니까.

"다 했어요. 세수하고 나갈게요."

민수는 입을 뾰로통하게 내밀며 엄마가 잡고 있는 화장실 문을 잡아당겼다. 문이 닫히자마자, 무음으로 소리를 줄이고 다시 플레이 버튼을 눌러 영상을 봤다. 눈은 스마트폰에 집중한 채, 손으로 물을 받아 얼굴로 가져갔다. 이번에는 손을 뻗어 비누를 잡아 거품을 내고 얼굴에 문질렀다. 비누가 들어갈까 봐 실눈을 뜨고 영상을 계속 봤다.

"내가 이럴 줄 알았어. 스마트폰 압수야."

갑자기 욕실 문이 열리면서 순식간에 거울 앞에 놓인 스마트폰이 사라졌다. 민수는 놀라서 눈이 커졌다.

"아야!"

비눗물이 눈에 들어갔다. 따가웠다. 민수는 얼른 비누를 닦아 내고는 엄마에게 다가가 스마트폰을 달라고 졸랐다.

"일주일간 압수할까?"

"안 돼요. 친구들과 모둠 수업 이야기를 해야 한단 말이에요. 다시는 안 그럴게요."

"너 병원에 다녀온 거 아예 잊었어?"

엄마의 물음에 결국 민수는 꿀 먹은 벙어리가 되어 버렸다. 석 달 전 똥구멍 주변에 무언가 불룩 나와서 병원에 갔기 때문이다. 그때 의사 선생

님이 이렇게 말씀하셨다.

"화장실 변기에 오래 앉아 있으면 또 이럴 수 있어요. 의외로 스마트폰에 세균이 많으니까 너무 오래 잡고 있는 것도 좋지 않아요."

치료를 잘 받아서 금방 나았지만, 그날 이후로 민수가 화장실에 오래 있으면 엄마의 신경이 곤두서는 듯했다. 그러나 민수는 스마트폰을 포기할 수 없었다. 아침밥을 먹으면서 엄마 눈치를 살살 살폈다. 식사가 끝나자마자 엄마 허리를 안고서 다짜고짜 사랑 고백을 시작했다. 최대한 귀여운 목소리를 내면서 말이다.

"엄마마아아아. 내일부터는 조심할게요. 그러니까 스마트폰 주시면 안 될까용. 그럼 내가 엄마 맘에, 탕탕 후루후루! 탕탕 후루루루루! 엄마 사랑해용, 뿌잉뿌잉."

민수는 유행하는 춤까지 추며 엄마의 화를 누그러뜨리려고 노력했다.

"또 그러면, 탕후루고 나발이고 다 소용없어. 엄마는 네가 아픈 게 제일 속상하니까. 알았지?"

엄마는 '내가 졌다'는 표정으로 앞치마 주머니에 있던 스마트폰을 꺼내 내밀었다. 민수는 고개를 힘차게 끄덕였다. 역시 엄마는 아들의 애교에 약하다고 민수는 생각했다.

마침, 스마트폰 알림이 울렸다. 단톡방의 알림이었다. 엄마가 핸드폰을 일주일 동안 압수하겠다고 겁을 주었던 참이라, 민수는 스마트폰에 손도 대지 않았다. 문득 민주가 챌린지 영상을 찍는다고 했던 게 떠올랐다. 민주와 민수는 이름에 '민'이라는 같은 글자를 가지고 있어서, 학교에서 '민민 남매'로 통했다. 그래서인지, 이상하게 민수는 요즘 민주에게 관심이 더 생겼다. 민주가 영상을 올린 걸까? 궁금했지만 참았다.

엄마 말대로 화장실에서 스마트폰을 사용하는 것도 참아 봐야겠다고 다짐했다. 스마트폰을 잡고 있으면 변기에서 한 시간도 버틸 수 있을 것 같았지만, 또 병원에 가고 싶진 않았다. 아무리 의사 선생님이라 하더라도, 모르는 사람 앞에서 엉덩이를 까는 건 너무 창피했으니까.

흘어저라~흘어저라~

변기에 오래 앉아 있는 건
안 좋은 습관이에요.

민수처럼 화장실에서 스마트폰을 보느라 변기에 오래 앉아 있는 사람 있니? 이상하게도 화장실에 앉아서 스마트폰을 보면 시간이 정말 빨리 가는 것 같아. 아무에게도 방해받지 않는 혼자인 느낌도 편안하고 좋지. 너희 중에도 이런 친구들이 있을 거야.

그런데 말이야. 화장실에서만큼은 스마트폰을 꺼내지 않는 게 좋아. 화장실에는 눈에 보이지 않는 세균이 많거든. 특히 화장실에서 물을 내릴 때 세균이 변기에서 튀어 올라 공기 중으로 2미터나 날아갈 수 있대. 2미터면 우리 아빠나 엄마 키보다 더 크잖아. 얼마나 멀리 날아가는지 짐작할 수 있겠지? 그때 스마트폰을 꺼내 들고 있다면, 거기에도 세균이 달라붙을 거야. 손은 씻어도 스마트폰은 씻지 않으니까.

화장실에서 스마트폰을 보면 안 되는 이유는 또 있어. 변기에 앉아 스마트폰을 보면 볼일 보는 시간이 길어질 수밖에 없어. 그런데 변기에 너무 오래 앉아 있는 건 우리 항문 건강에 해롭거든. 오래 서 있는 상황을 생각해 봐. 어쩌다 한 번이 아니라, 매일 오래 서 있으면 다리가 아파. 건강도 나빠져. 피가 다리로만 몰려서 순환이 잘 안 되니까.

엉덩이와 똥구멍도 똑같아. 엉덩이에 퍼져 있는 혈관이 자주, 그리고 오래 눌리게 되면 피가 똥구멍으로 몰리면서 치핵, 치루, 치질 같은 질병이 생길 수 있어. 이 질병이 생기면 응가를 할 때 따끔거리고 불편해. 자칫하면 우리 몸의 문지기인 괄약근에도 문제가 생길 수 있어. 괄약근이 뭐냐면 똥구멍을 오므렸다 폈다 하는 근육이야. 괄약근이 너무 약해지면 문지기가 제 역할을 하지 못하는 것과 같아. '문을 닫아라!'라고 명령해도 못 닫을 수도 있다는 말이야. 즉, 똥을 참을 수 없다는 뜻인데, 그럼 바지에 똥을 싸는 창피한 일이 일어날 수도 있어. 만약 나에게 그런 일이 벌어진다면? 쥐구멍에라도 숨어 버리고 싶을 거야.

지금부터 화장실에서는 스마트폰 대신 오로지 똥에만 집중해 보는 게 어때? 우리 몸의 건강을 위해서 스마트폰은 밖에 두고 화장실에 들어가는 거야. 깔끔하게 볼 일만 보고 화장실 밖으로 나오는 걸 연습해 보자.

02
나를 지켜 주는
보호 필름은 없을까?

    친구들 사이에서 에스엔에스SNS에 춤 영상을 올리는 게 유행이었다. 민주도 춤추는 걸 좋아한 까닭에 단박에 관심이 갔다.

    아침부터 단톡방에 지혜가 챌린지 영상을 올렸다는 톡이 올라왔다. 민주는 지혜의 춤이 궁금했다. 얼른 들어가 확인하고 싶었다. 하지만 민주네 집에서는 평일 아침에 스마트폰을 들여다보고 있는 건 금지였다. 민주도 잘 지키는 편이었지만, 오늘은 지혜의 영상이 너무 궁금해서 빨리 보고 싶은 마음이 컸다. 민주는 서둘러 아침 식사를 끝낸 뒤, 후다닥 현관 앞으로 가 신발을 신었다.

"빨리 나가네. 잊고 가는 건 없어?"

"없어요. 학교 다녀오겠습니다."

민주는 현관문을 열고 밖으로 나오자마자, 바로 스마트폰을 꺼내 지혜의 에스엔에스로 들어갔다.

지혜는 전문 댄서 같았다. 경쾌한 음악에 맞춰 발을 콩콩 구르며 리듬을 타더니, 갑자기 몸을 휙 돌리며 팔을 쭉 뻗어 하늘을 찔렀다. 그러고는 팔을 웨이브 춤추듯 부드럽게 움직이면서 몸을 좌우로 흔들었다. 물 흐르듯 자연스럽고 멋있었다. 민주의 입에서 자기도 모르게 "대박!"이라는 말이 튀어나왔다. 지혜의 춤은 여기서 끝이 아니었다. 빨라지는 음악 리듬에 맞춰 폴짝폴짝 뛰기도 하고 빙글빙글 돌기도 했다. 음악이 "꽝꽝" 하며 끝나는 부분에서는 절도 있는 동작을 순식간에 해 버리더니, 손가락으로 브이를 그리고 윙크까지 하는 여유를 부렸다. 완전 끼쟁이였다.

"애들이 '좋아요'를 많이 눌러 줄까? 내 영상의 조회 수가 지혜 것보다 적게 나올 것 같은데……."

지혜의 챌린지를 보자 민주는 걱정이 앞섰다. 이미 춤 영상을 찍어 놓기는 했는데, 그걸로는 부족했다. 지혜의 춤을 보고 나니, 자기 춤은 멋있지도, 그렇다고 재밌거나 웃기지도 않은 것 같았다.

"민수처럼 코믹한 춤으로 할 걸 그랬나?"

최근 민수가 올린 탕후루 춤 챌린지 영상이 반에서 인기였다. 민수는 춤을 엄청 잘 추는 건 아닌데도, 못 말리는 오버액션으로 사람들을 웃게 만들었다. 민주도 차라리 재밌는 영상을 찍고 싶었다. 영상을 다시 찍어야 하나, 민주는 생각이 많아졌다.

"빵! 빵빵!"

갑자기 자동차 경적이 들렸다. 깜짝 놀란 민주는 그제야 고개를 들었다. 헉! 분명 파란불이었는데, 신호등이 어느새 빨간불로 바뀌어 있었다. 심장이 콩닥콩닥 뛰었다.

"애, 빨리 건너! 차 온다!"

횡단보도 앞에서 녹색 교통 지도 아주머니가 큰 소리로 민주에게 말했다. 민주는 "네!" 하고 대답하면서 후다닥 뛰었다.

"길 건너기 전부터 내내 너를 지켜봤는데, 네가 스마트폰만 보면서 걷더라고. 조심해야 해. 길에서는 앞을 보며 걸어야 안전하단다. 알았지?"

민주는 어색하게 미소를 지으며 또 "네에." 하고 대답했다.

엄마의 잔소리가 떠올랐다.

"길을 걸을 때는 절대 스마트폰 보지 말고!"

"건널목에서는 좌우를 살피고!"

민주는 조심해야겠다고 생각하면서도, 아주머니의 충고를 매일 같이 듣는 엄마의 잔소리처럼 흘려들었다. 스마트폰을 보며 돌아다 닌다고 해서 무슨 큰일이 일어나지 않는다는 걸 경험을 통해 잘 알고 있다는 듯, 민주는 또 다시 태연하게 스마트폰으로 시선을 돌렸다. 어른들의 괜한 걱정일 뿐이라고 여겼다.

민주는 에스엔에스에 올리기 위해 찍어 뒀던 챌린지 영상을 화면에 띄우고 플레이를 눌렀다. 자신의 춤을 지혜의 춤과 비교해 보고 싶었다.

영상 속 민주는 축 늘어진 몸을 흐물흐물 움직이기 시작했다. 팔다리는 마치 고무줄처럼 흐느적거렸다. 고개는 삐딱하게 기울인 상태였고, 눈도 반쯤 감긴 채였다. 언뜻 보면 몽유병 환자 같다고 생각하며 민주는 자신의 춤을 분석하고 있었다. 춤에는 반전이 있었다. 어기적거리며 느릿느릿 걷던 민주는 어느 순간에 팔을 꺾어 몸을 튕기듯 펌핑을 했다. 흐물흐물 추던 춤과는 다른 각 잡힌 모습이었다. 반전은 또 있었다. 바닥에 풀썩 쓰러지면서 온몸을 부르는 떠는 마무리 동작이었다. 어떻게 보면 로봇 춤 같기도 했지만, 전체적인 느낌은 좀비에 더 가까웠다. 민주는 이처럼 자신의 아이디어를 더

해 개성 있는 멋진 챌린지 영상을 만들어 놓고도, 지혜를 신경 썼다. 아무리 생각해도, 지금의 일등은 역시 지혜인 것 같았다.

'이 춤을 올리면 친구들이 멋지다고 해 줄까? 아니면, 재밌다고 생각할까? 이도 저도 아닌 어중간한 게 더 싫은데……'

민주는 에스엔에스에 게시물을 많이 올리는 편은 아니었다. 그러나 어쩌다 게시물을 올리면 친구들의 반응을 기대하고 신경 쓰는 데 많은 에너지를 쏟곤 했다. 댓글이 달리면 알림이 오도록 설정을 해 놓았는데도 자꾸 들어가서 확인을 한다거나, 자기가 올린 영상이나 글을 보면서 수정하기를 반복했다.

영상을 보며 생각에 잠겼던 민주가 어딘가에 부딪혔다.

"악!"

민주는 뒤로 벌러덩 넘어졌다. 격심한 통증이 느껴졌다. 너무 아프니까 눈물부터 나왔다. 엉엉 소리 내어 울었다. 눈물이 계속 쏟아졌다. 울면서 주변을 둘러봤다. 자전거 하나가 도로에 누워 있는 게 보였다. 할아버지 한 분이 절뚝이며 일어나는 모습도 민주의 눈에 들어왔다.

"괜찮니? 네가 골목에서 갑자기 나타날 줄은 몰랐다. 다친 것 같으니까, 일단 함께 병원에 가 보자."

민주는 눈물이 계속 나와서 대답하기가 어려웠다. 민주가 크게 소리 내서 우는 바람에 할아버지도 당황하신 듯했다. 잠시 어쩔 줄 몰라 하다가 물으셨다.

"엄마에게 전화해 줄 수 있겠니?"

민주는 고개를 끄덕이며 스마트폰을 찾았다. 자전거와 부딪히면서 스마트폰을 바닥에 떨어뜨렸기 때문이다. 그러나 바로 보이지는 않았다. 시선을 더 멀리 두고 살폈다. 담벼락 근처에 작은 물체가 눈에 띄었다. 스마트폰이 거기까지 날아간 모양이었다. 민주는 절뚝이며 그 앞으로 걸어가 스마트폰을 잡았다. 그런데 그 순간 심장이 덜컹 내려앉았다. 자기도 모르게 더 크게 소리 내어 울었다. 스마트폰 액정에 금이 갔다. 민주는 다친 것보다 엄마에게 혼날 게 더 걱정됐다. 엄마에게 전화하고 싶지 않았다. 자전거도로에서 자전거와 부딪힐 수 있으니까 조심하라고 엄마가 여러 번 얘기했는데…….

"저런, 스마트폰 액정이 깨졌구나. 내 핸드폰으로 엄마한테 전화해 볼래?"

"통, 통화는 할, 할 수 있어요."

민주는 울먹이며 겨우 대답했다. 할아버지에게 괜찮으니 그냥 가시라고 말할까, 잠깐 고민도 했다. 자전거와 부딪힌 다리가 아프고 손바닥에 피가 나서 쓰라렸다. 바닥에 쿵 주저앉는 바람에 엉덩이도 꽤 아팠다. 그러나 아무리 아파도 엄마의 잔소리보다는 참을 만할 것 같았다. 민주는 여러 생각 끝에 고개를 저었다. 엄마를 속일 수는 없었다. 스마트폰 액정이 깨진 이상, 고치려면 돈이 필요하니까. 그동안 모은 용돈으로는 어림도 없다는 걸 민주가 누구보다 잘 알고 있었다.

'보호 필름이라도 붙여 둘걸. 그럼 액정이 덜 깨졌을 텐데.'

민주는 핸드폰 액정 보호 필름처럼, 사람 몸에 붙일 수 있는 보호 필름도 있으면 좋겠다고 생각하면서, 엄마에게 전화를 걸었다.

걸어가며 스마트폰을 사용하는 건 위험해요.

스몸비smombie라는 말을 들어 본 적 있니? 스마트폰smartphone과 좀 비zombie를 합성한 말인데, 고개를 숙인 채 스마트폰을 보며 걷는 사람이 좀비 같다고 해서 생겨난 단어야. 스몸비라는 단어가 만들어질 정도로 스마트폰의 과도한 사용은 사회 문제가 되고 있어. 가장 큰 문제는 내게 다가오는 위험을 인지하지 못한다는 거야. 정부 조사에 따르면, 스마트폰을 사용할 때 보행자가 소리를 인지할 수 있는 거리가 평소보다 40~50% 줄어

든대. 일반 보행자가 스마트폰 사용 보행자보다 소리를 두 배나 더 잘 듣는 다는 거지.

스마트폰을 보면서 걸으면 시야도 좁아져. 사람은 보통 120도까지 넓게 볼 수 있어. 너희들도 한번 해 봐. 정면을 보고 있어도 옆에 무슨 일이 있는 지 볼 수 있잖아. 그러나 스마트폰을 사용하면서 걸으면 시야가 10~20도 로 좁아져서 주변에 무슨 일이 일어나는지 잘 모르게 돼. 스마트폰을 보면 서 걸으면 사고가 잦아지는 것도 이 때문이지.

어때? 우리 지금부터라도 스몸비를 탈출해 볼까? 일단 할 수 있는 것부 터 해 보자. 먼저 길을 걸을 때는 스마트폰을 가방에 넣는 걸 추천해. 처음 에는 힘들겠지만, 익숙해지면 스마트폰 보면서 걷느라고 보지 못했던 걸 볼 수 있을 거야. 등굣길에 만나는 친구에게 먼저 말을 걸 수 있고, 봄·여 름·가을·겨울 계절의 변화도 느낄 수 있어. 산책하는 강아지도 만날 수 있 고, 우리 동네 길고양이들이 주로 어디에 나타나는지도 눈치챌 수 있지. 당 연히 차나 자전거가 지나가는 걸 눈으로 확인하면서 걸을 수 있으니 훨씬 안전하겠지?

휴대폰을 가방에 넣고 건널목을 건너는 중에 전화가 올 수도 있어. 이럴 때는 먼저, 안전한 곳으로 이동하는 거야. 그러고는 휴대폰을 꺼내 통화하 는 거지. 할 수 있겠지?

03
꼬리에 꼬리를 무는
수다 세상

:지혜 이야기

지혜는 저녁을 먹자마자, 책상에 앉았다. 학원 숙제가 산더미였기 때문이다. 책상 위에 놓인 문제집을 보니 한숨부터 나왔다. 쌓여 있는 문제집이 지옥으로 가는 계단 같았다. 어차피 해야만 하는 숙제이니, 빨리 끝내자고 마음을 다잡았다. 지혜는 눈을 질끈 감고 숨을 크게 내쉬었다. 지옥의 계단을 하나하나 없애서 천국으로 가리라, 거창하게 다짐해 보았다. 마음이 좀 진정되는 듯했다. 지혜는 연필을 꽉 쥐고는 수학 문제를 풀기 시작했다.

"띠리링."

세 번째 문제를 풀려던 순간 스마트폰에서 알림이 울렸다. 지혜는 스마트폰을 무시했다. 숙제를 다 마치고 마음껏 에스엔에스 세상에 빠져드는 게 진정한 천국이라고 자신을 다독였다. 스마트폰을 집어 들면 숙제하는 데 시간이 더 걸린다는 사실을 본인이 잘 알고 있었다. 지혜는 뚫어지게 문제를 보며 어떻게 풀지 생각했다. 그때 또 알림이 울렸다. 이번엔 카톡 알림이었다. 알림 소리는 한 번으로 그치지 않고 계속 울려 댔다. 지혜의 온 신경이 스마트폰으로 향했다. 계속 울려 대는 걸 보니 중요한 일일 수도 있다. 지혜는 못 이기는 척 스마트폰으로 손을 뻗었다. 아니나 다를까, 민주의 사고 소식이었다. 지혜는 민주가 어쩌다 사고를 당했는지, 어느 정도 다친 건지 걱정되기 시작했다. 공부보다 친구의 안부가 더 중요했다.

마침, 단톡방에서는 민주 이야기가 한창있었다.

- 괜찮을 거라고 봐. 무릎이랑 팔꿈치 까진 정도 같았거든.

- 그런데 결석했잖아! 크게 다쳤으니까 못 온 거 아니야?

- 맞아, 단톡방에 나타나지도 않았어.

민수의 말에 윤아가 대답하자, 수진이 맞장구를 쳤다. 지혜도 윤아와 같은 마음이었다. 아무래도 민주 집에 직접 찾아가 보는 게 나을지도 모르겠다는 생각이 들었다. 지혜는 단톡방에 계속 올라오는 톡을 보면서 자신도 대화에 참여했다.

- 내가 민주 집에 다녀올까? 우리 집에서 멀지 않아. 시간이 좀 늦었지만, 엄마에게 같이 가 달라고 부탁하면 될 것 같아.

하고 싶은 말을 다 적고 글을 올리자 마자, 민주가 나타났다.

- 얘들아, 많이 걱정했구나. 고마워. 나는 괜찮아.

민주는 사고가 난 이야기를 하면서, 발을 너무 절뚝거리는 바람에 검사를 받느라 결석했다고 말했다. 민주의 등장으로 지혜는 한결 안심이 되면서도, 걱정이 완전히 사라지지는 않았다. 아이들도 마찬가지인 듯했다. 단톡방에 걱정을 담은 톡이 연이어 올라왔다. 민주는 빙그레 웃는 이모티콘을 올렸다. 그리고 검사 결과 별다른 이상은 없었다면서 친구들이 걱정해 줘서 감동이라고 말했다.

- 그런데 왜 단톡방에 안 들어왔어?

민수가 물었다. 지혜도 궁금한 부분이었다.

민주가 바로 답을 해 줬다.

- 액정에 금이 가서 수리 맡기느라고.

- 😮

- 😐

- 😮

아이들은 놀라는 이모티콘을 연달아 올렸다. 지혜도 깜짝 놀라며 이맛살을 찌푸렸다. 스마트폰 액정이 나간 것도 심각한 문제지만, 그 이후에 벌어졌을 엄마의 잔소리 후폭풍이 떠올라 안타까운 마음에 자동으로 표정이 일그러졌다. 액정이 깨진 걸 보니 길에서 스마트폰을 사용하다가 사고를 당한 것 같은데, 설마 스마트폰 사용 금지 같은 벌을 받는 건 아니겠지, 지혜는 혼자서 극한 상황을 상상하며 몸서리쳤다.

- 액정은 고친 거야?

- 아니. 새 스마트폰을 샀어. 액정 수리비가 더 많이 나온다고 해서.

지혜의 물음에 민주가 이야기했다. 민주의 어머니는 꽤 쿨하다고 지혜는 생각했다.

그러자 이번에는 윤아가 물었다.

- 민주야! 내일 춤 챌린지 영상 같이 찍을래?

- 같이 찍으면 너무 좋지. 서로 찍어 줄 수 있잖아. 나는 이미 찍은 영상이 있긴 한데, 다시 찍을까 하고 있거든.

- 그러면 넌 뭐 찍을지 다 정했을 테니, 금방 찍겠네.

- 응. 너는 어떤 거 할 거야?

민주의 질문에 윤아가 링크 하나를 걸었다. 지혜는 링크를 눌렀

틱 틱 틱 틱

틱 틱 틱 틱

틱 틱 틱

다. 그러자 오징어 밈 영상이 재생됐다.

이 영상은 개그맨이 실내 수영장에서 오징어를 낚는 모습이 엄청나게 유명해지면서 생긴 밈이었다. 유튜브에서 그 개그맨을 따라 하는 밈이 많아졌는데, 윤아도 그걸 찾아낸 모양이었다. 물론 링크한 영상의 밈은 개그맨의 영상과는 조금 달랐다. 진짜 오징어 대신 사람이 오징어를 흉내 내고 있었다. 중요한 건 정말 웃기다는 거였다. 어깨와 수평이 되게 팔을 들어올리고 팔꿈치를 굽혀 양손을 가슴 앞에 모았다가, 왼팔을 위로 쭉 뻗으면서 오른팔을 아래로 툭 떨어뜨리는 동작을 반복했다. 팔을 번갈아 바꿔 가면서 똑같은 동작을 계속하는데, 꼭

째깍 째깍 째깍 쩨깍 째깍 째깍····

오징어 다리가 물살을 따라 흐느적
거리는 모습 같았다.

지혜는 자기도 모르게 "풋" 웃
음을 터트렸다. 눈을 부릅뜨고 입
을 꾹 다문 채 진지하게 열심히
흐느적거리는 게 너무 웃겼기
때문이다. 게다가 흐물거리는
팔과는 다르게 다리는 뻣뻣하
게 고정되어 있어서 몸통으
로만 춤을 추는 것 같았다.

다른 친구들도 다 링크를

열어 보고는 반응했다.

- ㅋㅋㅋㅋㅋㅋㅋ

- ㅎㅎㅎㅎㅎㅎㅎ

이번에는 윤아가 따라 웃는 이모티콘과 함께 말했다.

- 😊 어푸어푸! 나도 오징어.

지혜는 또 소리 내어 웃었다.

- 나는 챌린지 영상 이걸로 하려고.

- 나는 좀비 춤 추려고 하는데.

- 오징어하고 좀비하고 흐느적거리는 게 비슷할 수도 있겠다.

지혜는 윤아와 민주의 톡 아래 자기 생각을 말했다.

- 그래? 너무 비슷하면 어쩌지?

- 걱정 마. 오징어와 좀비는 많이 다를 듯.

민주의 말에 윤아가 이어서 말했다.

지혜도 답을 올렸다.

- 오징어 춤, 좀비 춤 둘 다 재밌겠다! 기대할게.

기대하는 마음은 진심이었다. 춤 챌린지 영상을 누가 시작했는지 모르겠지만, 반 친구들이 참여하기 시작하면서 에스엔에스에 친구들의 새 영상이 올라올 때마다 너무 재미있었다. '좋아요'를 가장 많이 받은 사람에게 아이스크림을 사 주자는 이야기도 나왔다. 지혜는 자기가 아이스크림을 먹게 되지 않을까 은근 기대했다. 물론 아이스크림이 중요한 건 아니지만, 그만큼 자신의 춤 실력에 자신이 있었다.

지혜는 자기도 챌린지에 참여하겠다고 말했던 날을 떠올리며 미소 지었다. 그리고 톡을 올리려고 양손으로 핸드폰을 잡았다. 방문이 열린 건 그때였다.

엄마가 방문 사이로 고개를 내밀며 말했다.

"숙제는 다 했어?"

지혜는 그제서야 시계를 봤다. 벌써 한 시간이 지난 상태였다. 다시 시선을 책상 위 문제집으로 돌렸다. 눈앞이 아찔했다. 문제집 계단이 줄어들기는커녕, 푼 문제가 겨우 세 개뿐이라니!

"아직이요."

"왜 이렇게 미적대니? 설마 지금까지 톡 한 거야?"

"아니에요. 문제가 어려워서 고민하느라 그랬어요."

"알았어. 엄마는 믿는다."

지혜는 괜히 찔려서 어색하게 웃었다. 다행히 엄마는 더 묻지 않고 방문을 닫았다. 언제 시간이 이렇게 흘러 버린 걸까? 지혜는 입술을 삐죽 내밀었다. 눈에 힘을 주면서 다시 수학 문제를 봤다. 연필을 쥔 손이 거북이 된 것 같은 느낌이었다. 왜 이리도 느릿느릿 움직이는 걸까. 진도도 거북 걸음 같았다. 안 되는 걸 알면서도 자꾸 신경이 스마트폰으로 갔다. 알림 소리를 듣지 않으려고 진동으로 바꿨는데도 신경이 쓰이는 건 마찬가지였다. 진동이 울릴 때마다 책상이 흔들리니까 지혜의 집중력이 자꾸 흐트러졌다. 누군가가 귀에 대고 속삭이는 것만 같았다.

"지혜야, 수다의 세상으로 들어와. 지금 들어오지 않으면 수다의 재미를 놓칠 거야. 한참 있다 밀린 톡을 한꺼번에 보려면 너도 힘들고, 생생한 라이브 현장감도 사라져. 그리고 대화하는 건 좋은 거잖아. 너, 친구가 다쳤는데 공부한다고 톡 확인도 안 하면 친구들한테 한 소리 듣게 될걸? 톡을 멈추면 안 돼."

악마의 속삭임은 달콤했다. 여하튼 구구절절 다 맞는 말인 걸 인정할 수밖에 없었다. 수다의 흐름을 놓치면 재미가 없어지니까.

톡 수다는 왜 이리 끝도 없이 재밌기만 한 걸까. 지혜는 딱 5분만 더 보고 난 후에 숙제를 해야겠다고 중얼거리며 스마트폰 화면의 잠금을 풀었다.

해야 할 일을 미루면
정말로 마음이 편할까요?

늘어져라~ 늘어져라~

해야 할 일을 미루고 잠자리에 들면 악몽을 꿀 수도 있어. 마음에 걱정이 쌓이면 스트레스가 되어 불안을 자극하기 때문이지. 불안은 잠자는 동안에도 우리 머릿속을 떠나지 않고 꿈에서 우리를 괴롭히기도 해.

그런데, 너희들도 알지? 책상에 오래 앉아 있으면서도 할 일을 끝내지 못하는 이유가 스마트폰 때문일 수도 있다는 걸 말이야. 어쩌면 스마트폰 들여다보는 걸 참아 내기만 해도 미루는 습관을 고칠 수 있을지 몰라. 중요한 건 어떻게 하느냐겠지?

우선, 어딘가에 집중해야 할 때는 시간을 정해 놓고 알림을 무음으로 바꿔 놓는 걸 추천해. 아니면 아예 스마트폰 전원을 꺼 버리자. 시간을 봐야 해서 안 된다고? 시간 확인은 탁상시계가 있잖아! 꼭 그래야 하냐고 묻고 싶을 거야. 그런데 말이야. 네가 한여름에 맛있는

아이스크림을 사서 막 한 입 먹으려는데, 누가 자꾸 너에게 뭘 물어본다고 생각해 봐. 아이스크림이 녹는데, 빨리 먹어야 시원함을 느낄 수 있는데, 대답하느라 빨리 먹지도 못하고…… 결국 아이스크림은 녹아 맛도 없어지고, 찝찝함만 남게 될걸? 상상만으로도 싫지 않니?

카톡이나 에스엔에스 알림이 바로 네가 아이스크림을 못 먹게 하는 훼방꾼과 같아. 공부한 시간은 길지만, 결과는 없고 찝찝함만 남는 거지. 집중해서 숙제나 시험공부를 끝내면, 해야 할 일을 마무리했다는 만족감과 후련함이 생기거든. 그러니까 알림이나 전원을 꺼 버리자. 방해꾼이 아예 오지 못하도록 문을 닫아 버리는 거지.

해야 할 일을 끝냈을 때 홀가분함을 느껴 보면 정말 기분 좋을걸? 덤으로 편안한 꿀잠도 보장될 거야!

04
똥인지 된장인지
먹어 봐도 몰라

: 윤아 이야기

윤아는 민주가 다치지 않아서 다행이라고 생각했다. 무엇보다 민주가 춤 챌린지를 계속할 수 있어서 기뻤다. 챌린지 영상 올리는 일에 은근 경쟁하는 아이들도 많았지만, 윤아도 지혜처럼 친구들의 챌린지 영상을 보는 게 너무 재미있었다. 민주가 다리를 다쳐서 영상을 올릴 수 없었다면 많이 아쉬웠을 것이다. 민주도 둘째라면 서러울 만큼 춤을 잘 추는 친구였다. 윤아는 오징어 밈 챌린지 영상을 찍으려고 하는데, 마른 오징어로 가면을 만들어 쓰면 좋겠다고 생각하고 있었다.

"윤아야! 밥 먹자."

윤아는 "네." 대답하고는, 단톡방에 얼른 '화이팅' 이모티콘을 올렸다. 그러고는 유튜브를 열어 즐겨 보던 먹방 영상을 보면서 밖으로 나와, 식탁 의자에 앉으며 말했다.

"와, 이 치킨 진짜 맛있겠다! 에이에스엠알ASMR 대박!"

눈은 이미 스마트폰 화면 속 바싹바싹 튀겨진 치킨에 완전히 꽂힌 상태였다. 유튜버의 입으로 들어간 치킨이 씹힐 때마다 바사삭 소리가 나자, 윤아는 자기도 모르게 침을 꿀꺽 삼켰다.

"식사할 때는 스마트폰을 안 보면 좋겠다."

"먹방을 보면서 먹으면 밥이 더 맛있게 느껴져요, 엄마."

윤아는 젓가락으로 멸치볶음을 집으며 계속 영상을 봤다. 유튜버가 닭 다리를 잡는 모습이 나왔다. 닭 다리가 입으로 들어가자, 앙 다문 입 사이로 육즙이 반짝이며 흘러나왔다. 윤아는 자기도 모르게 입을 벌렸다. 엄마가 다시 주의를 줬다.

"윤아야! 밥 먹을 때는 식사하는 데만 신경 써야지. 식탁을 좀 봐. 너 음식을 계속 흘리고 있잖아."

"네, 안 흘릴게요."

윤아는 조심해야겠다 생각하며 계속 밥을 먹었다. 입은 반찬을

향하고 있지만, 눈은 그대로 먹방 영상을 보고 있었다. 이번에는 젓가락으로 콩자반을 집어서 입에 넣으려는 순간, 그만 떨어뜨리고 말았다. 그때였다. 갑자기 등 뒤로 어두운 기운이 느껴졌다. 그러더니 눈 깜짝할 사이에 스마트폰이 윤아의 손아귀에서 빠져나갔다. 아빠였다.

"아빠! 왜 그래요?"

"엄마가 밥 먹을 때는 밥에만 집중하라고 분명히 말했는데, 네가 말을 안 듣잖아."

아빠가 엄마 편을 들다니! 아빠는 지금까지 무조건 윤아 편이었는데……. 윤아는 입술을 삐죽 내밀었다. 아빠가 이어서 말했다.

"스마트폰 보면서 밥 먹으면 살쪄."

"에이, 내가 그 말을 믿을 것 같아요?"

"진짜란다. 나중에 검색해 보렴."

믿을 수 없었다. 밥 먹을 때 스마트폰을 못 보게 하려는 아빠의 거짓말이라고 확신했다. 생각이 여기에 미치자, 윤아는 아빠를 설득해야겠다고 결심했다. 윤아가 근엄하게 아빠를 부르며 가르치듯 말했다.

"아버님! 먹방은 유익한 영상이에요."

"어떤 면에서?"

아빠가 차분하게 되물었다. 윤아는 아빠를 꼭 설득해서 자기 편으로 만들고 싶었다.

"엄마와 아빠는 내가 편식하는 게 싫으시죠? 사실 나는 고기만 먹고 싶고, 채소 반찬은 정말 싫어요. 어떨 때는 밥 대신 아이스크림과 과자를 먹고 싶기도 하고요. 그런데 그렇게 먹으면 안 되는 거잖아요. 저도 알고는 있지만, 먹고 싶은 것과 먹어야 하는 음식이 이렇게 다르니, 밥맛이 생기겠어요? 오늘 식탁만 봐도 그래요."

윤아는 한번 훑어보라는 듯, 팔을 쫙 펼치며 식탁을 가리켰다.

"싫지만 건강을 위해 먹어야 하는 채소로 가득 찬 저녁상! 전 콩나물이 싫은데 오늘 반찬으로 콩나물무침이 올라와 있네요. 김치는 냄새를 맡으면 못 먹겠고, 도토리묵은 입에 넣으면 쓴맛이 나요."

여기까지 말하고 윤아는 분위기를 살폈다. 진지하게 듣고 있는 아빠의 모습에 이제 연설을 마무리 지어도 되겠다고 생각했다.

"그런데! 먹방을 보면서 밥을 먹으면 내가 방송에 나오는 음식을 먹는 것 같거든요. 먹기 싫은 채소 반찬을 입에 넣어도 고기를 먹는 기분이에요. 콩나물을 먹었지만, 치킨을 씹고 있는 것 같으니 먹방 마법 같지 않습니까, 아버님?"

"편식 안 하려고 먹방을 본다는 말이지?"

아빠가 되묻자, 윤아는 크게 고개를 끄덕였다.

'아빠가 설득당한 것 같군. 항상 내 입장에서 생각해 주셨으니까.'

아빠는 아무 말도 하지 않고 윤아를 물끄러미 바라봤다.

그런데 엄마가 먼저 끼어들었다.

"그건 억지야."

윤아는 고개를 돌려 엄마를 봤다. 사실 도토리묵과 콩자반은 그렇게까지 싫어하는 반찬이 아닌데도 너무 과장했기 때문에, 엄마 눈치가 보이기도 했다.

윤아는 아빠의 말을 기다렸다. 아빠에게는 나름 논리적으로 보였을 거라고 윤아는 생각했다. 그러면 아빠가 분명 엄마를 설득해 줄 터였다. 다시 시선을 아빠에게 옮기고는 빨리 편들어 달라는 눈빛을 보냈다. 그런데 아빠의 말은 뜻밖이었다.

"엄마 말이 맞는 것 같은데! 먹방을 보면서 밥을 먹으면 싫어하는 음식까지 골고루 먹을 수 있다는 말은 아빠도 믿기 어려워. 그래도 네가 우긴다면 그 말이 맞다고 해 줄게. 하지만 편식하지 않으려고 먹방을 보는 건 좋은 방법이 아니야. 처음 보는 음식도 먹어 보고, 싫은 음식을 도전해 보는 것도 중요하거든. 먹기 힘들면 그만 먹더라도, 자꾸 도전을 해 봐야 나중에는 편식하지 않고 골고루 먹는 습관이 길러지니까. 그래서 아빠는 네가 먹방을 보느라 치킨인지 콩나물인지, 된장국인지 똥국인지도 모르고 먹는 건 말이 안 된다고 생각한단다. 편식보다 올바른 식습관이 먼저니까."

"아빠 말이 옳소!"

마치 대통령 선거 유세 연설이라도 들은 것처럼 엄마가 신나서 환호했다.

엄마 편드는 아빠가 밉고, 아빠 편드는 엄마에게 화가 났다.

"왜 내 마음을 몰라주는 거예요?"

"그리고 윤아야, 밥 먹는 시간에 네가 스마트폰만 들여다보고 있으면 함께 밥 먹는 엄마 아빠는 어떻게 하니? 이건 서로에 대한 예의가 아닌 것 같아. 함께 밥 먹는 시간에는 같이 얼굴 보며 이야기도 하고 그러자. 사실 셋이 다 함께 밥 먹는 날이 많지도 않아.

그래서 말인데, 밥 먹을 때는 스마트폰 금지야. 이건 엄마 아빠까지 우리 가족 모두 지켜야 하는 규칙으로 하자."

윤아는 아빠가 자기 말을 들어주지 않아 깜짝 놀라고, 규칙을 정한다는 말에 당황스럽기까지 했다. 아빠에게 배신당했다는 생각마저 들어 속도 상했다. 엄마가 배시시 미소를 지으며 이야기했다.

"나도 아빠 말에 찬성. 자, 이제 먹방 없이 밥을 먹어 볼까?"

윤아는 밥맛이 떨어졌다. 솔직히 엄마 아빠 말이 옳다고 생각했지만, 대놓고 인정하고 싶지 않았다.

"나 사실 배 안 고파요. 숙제도 해야 하고 나중에 먹을 테니, 먼저 드세요."

윤아는 방에 들어가서는 이불을 뒤집어썼다. 엄마의 잔소리는 한 귀로 듣고 한 귀로 흘린 지 오래지만, 엄마 편을 드는 아빠가 더 미웠다. 계속 밥을 안 먹겠다고 버티면 먹방을 보게 두실까? 이제는 안 통할 것 같다는 생각이 들어 기운이 빠졌다.

억울한 표정을 하고 방에 들어오긴 했지만, 할 말이 없는 게 사실이었다. 어느새 먹방을 보며 밥 먹는 게 습관이 되었다. 어떨 땐 유튜브를 더 보고 싶어서 밥을 더 달라고 한 적도 있다. 밥을 다 먹었는지 안 먹었는지도 모른 채 숟가락만 왔다 갔다 하며 식사 시간을 보내고 있는 요즘이다. 진짜 아빠 말대로, 된장 대신 똥을 줘도 그냥 받아먹을 지경일까?

늘어져라~
늘어져라~

먹방을 보면서 밥을 먹으면 비만이 될 확률이 높아져요.

먹방을 보면서 밥을 먹으면 평소 식사량보다 더 먹게 될 뿐만 아니라, 과식을 한 뒤에도 배고픔을 느끼게한다는 연구 결과가 있어. 한마디로 비만이 될 확률이 엄청나게 높아지는 거지.

먹방은 건강 문제를 일으킬 수도 있어. 먹방에 신경 쓰다 보면 음식을 대충 씹어 삼켜 버리고, 평소보다 빨리 먹게 돼. 그러면 소화 안 된 음식이 위에 부담을 주고, 결국 속 쓰림이나 소화불량이 찾아올 수 있어.

반대로 스마트폰에 집중하느라 음식을 씹지 않고 입에 담고 있는 시간이 길어지기도 해. 그러면 충치도 생긴다는 사실을 알고 있니?

자세도 엉망이 될 수 있어. 스마트폰을 보거나 책을 보면서 밥을 먹으면 목이 점점 앞으로 밀리면서 허리에 힘이 빠져. 그러면 등이 둥그렇게 말리고, 거북목 현상이 생기는 거야. 이런 문제를 의식하지 않은 채 스마트폰을 보면서 밥 먹는 모습을 옆에서 사진 찍어 본다면, 너의 굽은 등을 확인할 수 있을걸? 그런 자세로는 목을 지탱하기 힘들고, 심지어 음식물을 잘못 삼킬 위험까지 커진다니까.

그러니 우리 모두 지금부터 밥 먹을 때는 스마트폰을 잠깐 내려놓자. 바른 자세로 앉아서 맛있는 음식도 즐기고, 건강도 지키고, 올바른 식사 예절도 배우는 거야. 식사할 때 부모님과 대화하는 것도 추천해. 아마 열심히 귀를 기울여 주실걸. 가족간의 사랑을 더 느낄 기회이기도 해. 어때, 오늘부터 같이 실천해 볼까? 부모님께 먼저 이런 다짐을 말해 본다면, 정말 기뻐하시며 지지해 주실 거야.

05
잠을 훔쳐 먹는 도둑

: 지후 이야기

    지후는 거실에서 부모님과 텔레비전을 보고 있었다. 9시 반이 되자 어김없이 엄마가 지후를 보며 말했다.

    "지후, 이제 그만 잘 준비를 해야겠지?"

    10시는 엄마가 정해 준 취침 시간이었다. 좀 더 늦게 자겠다고 한 적도 있었지만, 엄마는 절대 허락하지 않았다. 가끔 주말에 여행이라도 가면 더 놀다 자는 걸 허락받기도 했다. 어쨌든 지후 엄마는 일찍 자는 생활 습관을 중요하게 여겼다. 덕분에 지후는 일찍 자고 일찍 일어나는 편이었다. 학교에서 친구들이 10시 넘어서 시작하는 텔레비전 예능 프로그램에 대해 재미있게 이야기하면, 지후는 그 시간까지 안 자고 깨어 있는 친구들이 부러웠다.

그러나 스마트폰이 생긴 이후, 지후만의 새로운 밤이 펼쳐졌다. 10시 전에 침대에 누워 이불을 덮어쓴 후, 엄마 몰래 유튜브를 보는 시간이 생긴 것이다. 스마트폰이 처음 생겼을 때는 잠잘 때 스마트폰이 어디 있는지 신경도 쓰지 않았고, 원래 대로 10시쯤 잠이 들었다. 그런데 몰래 보기 방법이 통한 다음부터는 늦게 자는 습관이 생겨 버렸다. 처음엔 10분만 봐도 졸렸는데, 점점 보는 시간도 늘어나고, 스마트폰을 보면서 누워 있어야 잠도 잘 오는 것 같았다.

"지혜가 올린 챌린지를 보고 감상을 말해 줘."

문득 민주가 한 말이 생각났다. 그렇지 않아도 지금 친구들 사이에서 춤 챌린지가 엄청나게 화제였다. 지후는 유튜브에서 웃긴 영상을 많이 보지만, 오늘은 지혜의 틱톡으로 먼저 들어갔다.

"대박!"

지후는 자기도 모르게 입 밖으로 소리를 냈다. 입이 떡 벌어졌다. 지혜가 학교에서 춤추는 것을 이미 여러 번 본 적이 있었지만, 틱톡 화면에서 보는 건 느낌이 또 달랐다. 파워풀한 동작이 너무 멋져 보였다.

"나도 춤을 잘 추면 얼마나 좋을까? 민주하고 커플 댄스도 출 수 있을 텐데. 연습하면 나도 잘할 수 있을까?"

지후는 자신도 모르게 중얼거렸다. 민주와 커플 댄스 챌린지에 참여하는 상상만으로 심장이 콩닥콩닥 뛰었다. 둘이 함께 멋진 춤 동작을 맞춰 가는 모습, 환호하는 친구들의 모습, 그리고 수줍게 웃는 민주의 모습까지……. 지후의 입꼬리가 귀까지 올라갔다. 몸도 꽈배기처럼 배배 꼬였다. 노크 소리가 들린 건 그때였다.

지후는 얼른 스마트폰을 베개 아래로 밀어 넣고는 눈을 감았다. 금세 문이 열렸다. 보지 않아도 엄마라는 걸 지후는 알았다. 항상 이때쯤에 들어와서 지후가 자는 걸 확인하고 가기 때문이었다. 엄마는 이불을 올려 주고는 머리를 쓰다듬었다. 지후는 몸을 돌린 채 깊은 잠에 빠진 척했다. 움직이면 안 되는 타이밍이었다.

다시 문이 열리는 소리가 났다. 동시에 닫히는 소리가 들렸다. 지후는 슬그머니 몸을 돌려 엄마가 방을 나간 걸 확인했다. 그러고는 베개 아래에 둔 스마트폰을 꺼내어 들고 소리를 더 줄였다. 지혜가 춤을 추는 영상을 다시 여러 번 봤다. 그러다가 유튜브로 돌아가 끝없는 쇼츠의 영상으로 빠져들었다.

30분쯤 지났을까 생각했는데, 어이쿠, 시계를 보니 거의 한 시간이 흘렀다. 쇼츠 영상 하나하나는 너무 짧아서 오래 봤다는 생각이 안 드는데, 보고 싶은 것들이 계속 나오니 아무 생각 없이 계속 집중하게 됐다.

거실 쪽에서 들려오던 텔레비전 소리가 멈췄다. 엄마와 아빠도 방으로 들어가는 모양이었다. 한 자세로 스마트폰을 오래 봤더니 팔도 저리고 목도 아팠다. 이번에는 바로 누워서 스마트폰을 얼굴 위로 들었다. 팔이 아파 오기 시작해서 자세를 바꾸려다가, 아뿔싸, 스마트폰을 놓쳤다.

"아ㅇㅇㅇㅇ. 내 코!"

스마트폰이 코로 추락해서 눈물이 핑 돌았다. 크게 소리 낼 수 없어서 더 괴로웠다. 한 손으로 코를 감싸 쥐고 다른 손으로 스마트폰을 들었는데, 이게 웬일인가, 유튜브가 먹통이 됐다. 새로고침을 했다. 그런데 스마트폰 화면에 '와이파이 연결 안 됨'이라고 떴다. 또 새로고침을 해 봤지만 똑같았다. 스마트폰 전원을 껐다가 켰는데도 그대로였다. 지후는 아쉬움에 한숨이 났다. 분명 엄마가 와이파이 공유기 전원을 꺼 버린 거다. 몰래 이불 속에서 유튜브를 보고 있던 걸 엄마가 아신 걸까? 살짝 긴장했다.

"어차피 그만 볼 참이었어."

지후는 스스로를 위로했다. 어두운 곳에서 스마트폰 화면을 오래 보니 눈이 아픈 것 같다고 느끼고 있었다.

이제 잠이나 자야겠다고 생각했다. 스마트폰을 사용할 수 없으면 할 수 있는 일은 아무것도 없었으니까. 일단 눈을 감았다. 그런데 정신이 오히려 더 맑아지는 듯했다. 몸을 돌리며 뒤척였는데도 잠은 커녕 별의별 생각이 지후의 머릿속에 들어갔다 나오기를 반복했다. 요새 스마트폰을 보다가 잠든 적이 많아서 그런지, 깜깜하고 조용하니 오히려 잠이 오지 않았다. 잠이 오지 않을 때 머릿속으로 양을 상상하면서 숫자를 세라는 말이 떠올랐다. 그 말을 따라 해 보기로 했다. 지후는 눈을 감고 양을 셌다.

"양 하나, 양 둘, 양 셋, 양 넷……."

머릿속에서 양 백 마리가 울타리를 뛰어넘었는데, 여전히 잠이 오지 않았다. 잠이 안 오니 심심하고, 어둡고 고요한 정적을 견디기 힘들었다. 지후는 침대에서 벌떡 일어나 방문을 살짝 열고 귀를 기울였다. 안방에서 코 고는 소리가 들렸다. 부모님이 잠드신 게 분명했다.

지후는 살금살금 나와서 와이파이 공유기 앞에 섰다. 역시, 공유기의 전원이 꺼져 있었다. 지후는 죽은 와이파이를 되살렸다. 이따가 잠들기 전에 공유기 전원을 다시 끄면 엄마는 모를 거라고 확신했다. 지난번에도 이렇게 넘어간 적이 있었기 때문에 지후는 거리낌이 없었다.

"지후야, 뭐 하니?"

갑자기 등 뒤에서 엄마의 목소리가 들렸다. 지후는 그대로 얼어붙었다. 심장도 터질 듯 쿵쾅거렸다. 천천히 뒤를 돌아보니, 엄마가 소파에 앉아 팔짱을 끼고, 지후를 똑바로 바라보고 있었다.

"엄, 엄마. 저는……."

지후는 말을 잇지 못했다. 그러자 엄마는 한숨을 쉬며 말했다.

"네가 안 자는 거 엄마는 알고 있었어. 네가 스마트폰 하느라 늦게까지 잠을 안 자길래 와이파이 공유기 전원을 끈 거야. 며칠 전에도 네가 몰래 켠 거 알고 있었지만, 지후에게 기회를 주려고 모른 척했던 거였어."

지후의 얼굴이 화끈 달아올랐다. 들켜서 창피하기도 했고 엄마의 믿음을 배신했다는 생각에 부끄럽기도 했다.

"엄마, 죄송해요."

지후는 고개를 푹 숙였다. 엄마는 지후의 머리를 쓰다듬으며 말했다.

"네가 계속 늦게까지 스마트폰을 보면 잠을 먹는 귀신이 나타나. 네 잠을 훔쳐 먹는 도둑이란다. 잠을 도둑맞으면, 건강도 나빠지고 키도 크지 않아. 엄마는 도둑 귀신이 지후 잠을 훔쳐 가도록 보고 있을 수만은 없어. 이해해 줄 수 있지?"

지후는 고개를 끄덕였다. 잠을 훔쳐 먹는 귀신이라니, 엄마가 지어낸 이야기겠지만, 요새 잠이 부족했던 느낌을 귀신 탓으로 돌리고 싶기도 했다. 지후는 다시 방으로 들어와 침대에 누웠다.

"왜 이리 잠이 안 오는 거야. 양은 지겨운데, 호랑이라도 세어 봐야 하나……."

지후는 또 혼잣말하면서 베개를 끌어안고 뒹굴뒹굴 굴렀다. 그러고는 천정을 쳐다보고 호랑이가 훔쳐 가는 양을 세기 시작했다. 호랑이가 양 한 마리, 호랑이가 양 두 마리……. 그러면서 생각했다. 잠을 훔쳐 먹는 도둑은 어떻게 생겼을까? 호랑이 같이 생겼을까?

잠들기 전 스마트폰을 보는
습관은 성장을 방해해요.

잠자기 전에 누워서 스마트폰을 하면 자다가 깨는 일이 종종 있어. 그건 스마트폰에서 나오는 밝은 빛 때문에 생기는 일이야. 햇빛이 너무 강할 때는 커튼을 쳐도 잠이 잘 오지 않는 거와 같지. 가로등 불빛으로 인해 우리가 잠을 잘 자지 못하는 것과도 비슷해. 그래서 어른들은 암막 커튼을 쳐서 방안을 깜깜하게 만들기도 해. 스마트폰 빛도 똑같아. 우리 몸에게 "자지 마, 아직 낮이야!"라고 신호를 보내는 거거든.

문제는 잠을 푹 못 자면 우리 몸은 충분한 성장호르몬을 만들지 못해. 키 클 기회를 스스로 뺏는 것과 마찬가지라고 할 수 있지. 하지만 우리는 자기 전 스마트폰을 보는 게 나쁘다는 걸 알면서도 멈출 수가 없어. 그래도 우리 함께 노력해 보자.

우선은 **규칙적인 시간에 침대에 눕자.** 일정한 시간에 잠자리에 누우면 마치 우리 몸에게 알람 시계를 맞춰 주는 것과

밤엔 나도 잠 좀 자자

같아. 매일 밤 같은 시간에 침대에 누우면, 우리 몸은 "아하! 이제 잘 시간이구나!"라고 생각하거든. 그럼 더 쉽게 잠이 올 거야. 잠들기 전에 스마트폰 대신 재미있는 책 읽기도 추천해. 그러면 마음이 편안해지면서 잘 준비를 할 수 있어. 또 다른 방법은 운동을 하는 거야. 줄넘기라도 해 보자. 아마 잠이 저절로 쏟아질걸.

이래도 스마트폰을 손에서 놓기가 어렵다면 마지막 방법이 있어. 방으로 들어가기 전에 스마트폰을 거실에 놓고 가는 거지. 어차피 충전해야 하잖아. 그것도 어렵다면 아예 방으로 들어가기 전에 엄마에게 스마트폰을 다음 날 등교 전까지 맡기는 건 어때? 침대 위를 스마트폰 금지 구역으로 만드는 거야. 이런 방법을 시도하다 보면 어느새 스마트폰을 이기고 꿀잠 자는 아이가 되어 있으리라고 확신해.

06
난 누구?
여긴 어디?

: 수진 이야기

"빰빠람빠빠! 삐이뽀뽀!"

수진은 음악에 맞춰 몸을 움직이기 시작했다. 양손을 머리 위로
쭉 뻗으면서 빙글빙글 돌았다. 수진은 "빰빠람빠빠! 삐이뽀뽀!" 부
분을 따라 부르며, 깡충깡충 뛰면서 손뼉도 쳤다. 꼭 아기 토끼가 된
기분이었다. 몸도 엄청 가볍게 느껴지고, 통통 튀어 다닐 수 있었다.
조금 더 반동을 줘서 튀어 오르면 머리가 천장에 닿을 것만 같았다.
수진은 신이 났다. 멜로디에 맞춰 온몸이 반응하는 자신이 신기하
기까지 했다.

"야, 수진!"

민주가 팔짱을 낀 채 수진을 불렀다. 어이없다는 표정이었다. 수진은 이상했다. 민주가 화를 낼 리 없는데, 왠지 짜증이 난 듯했다.

'설마 내가 춤을 잘 추니까 화가 난 건 아니겠지?'

수진은 민주를 가만히 바라봤다. 민주의 표정이 더욱 굳어졌다. 민주가 자기를 경쟁자로 생각하는 건가, 생각이 들었다. 민주가 수진에게 춤을 가르쳐 주긴 했지만, 자기보다 춤을 잘 춘다고 화를 내는 건 좀 속 좁은 사람 같아 보였다. 수진은 민주 앞에서 주눅 들지 말자고 굳게 결심했다.

"민주야. 나도 이제는 너만큼 춤을 잘 출 수 있어. 화내지 말고, 우리 같이 듀엣으로 춤을 추는 건 어때? 둘이 같이 챌린지 영상 만들어 보자."

"네가 춤 챌린지에 도전하는 건 찬성이야. 그런데 수진아, 지금 네 춤 실력은 진짜가 아니야."

수진의 예상이 맞았다. 민주는 지금 자기보다 춤을 더 잘 추는 수진을 질투하는 게 틀림없었다.

"이 정도면 네 파트너로도 손색이 없지 않니?"

"너의 춤 실력을 인정해 줄 수 없어. 왜냐하면 너는 지금 꿈속이거든.”

민주의 말에 수진이 눈을 번쩍 떴다. 빰빠람빠빠! 삐이뽀뽀! 시끄럽게 울려 대는 이 소리는 알람이었다. 보는 사람도 없고, 수진이 꾼 꿈에 대해 아는 사람이 없는데도, 수진은 뭔가 들킨 것처럼 조금 민망했다. 아무래도 춤을 잘 추는 친구들이 부러워서 그런 꿈을 꾼 모양이었다. 게다가 어제 늦게까지 지혜의 춤 챌린지 영상을 본 탓에, 수진의 바람이 꿈으로 나타난 듯했다.

“수진아. 학교 가야지. 일어나렴.”

밖에서 엄마의 목소리가 들렸다. 수진은 어쩔 수 없이 일어났다. 잠이 덜 깨서인지 눈꺼풀이 무거웠다. 머릿속에 안개가 잔뜩 껴서 정신을 차리기도 힘들었다. 한참 동안 그 자리에 멍하니 앉아 있었다. 그때 문이 열리며 엄마가 다가오더니 수진을 끌어안고 뺨에 뽀뽀하며 말했다.

“우리 딸 많이 졸리는가 보구나. 그래도 일어나야지. 얼른 나와서 세수하고, 아침밥 먹자.”

“네. 엄마.”

수진은 온몸에 힘이 없었다. 꿈속에서 민주한테 시달렸기 때문이라고 생각했다.

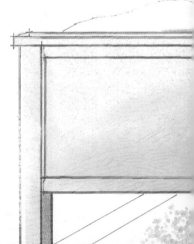

졸린 눈을 비비며 일어나서 세수하고는 식탁 의자에 앉았다. 불고기 반찬이 보였다. 수진이 좋아하는 불고기인데도 그다지 먹고 싶지 않았다. 그래도 젓가락을 들어 겨우 한 점을 입에 넣었다. 입안이 꺼끌꺼끌했다. 불고기가 아니라 모래를 씹는 기분이었다. 결국 수진은 식탁 위에 젓가락을 내려놨다.

"왜? 맛이 없어?"

엄마가 걱정스럽게 바라봤다.

"잠을 제대로 자지 못하니까 밥맛이 없지. 어제도 늦게까지 스마트폰을 한 모양이구나."

아빠가 말했다. 수진은 아니라고 말하고 싶었지만, 대답이 나오지 않았다. 아빠가 며칠 전부터 수진에게 주의를 줬다. 늦게까지 스마트폰을 하다 보면 잠을 제대로 못 자게 되고, 그래서 아침 밥맛이 없어지는 거라고 말이다.

"잠 못 자고, 아침밥 못 먹고, 그럼 학교에 가서도 힘이 나겠니? 아빠는 수진이 자율적으로 책임지는 모습을 보고 싶단다. 계속 지켜볼 거야. 하지만 정말 안되겠다 싶으면 스마트폰 사용을 통제할지도 몰라. 그렇게 되기 전에 스스로 스마트폰을 똑똑하게 사용할 줄 알아야 해."

수진은 어떻게든 밥을 먹으려고 했지만, 밥알이 도저히 목으로 넘어가지 않았다. 어쩔 수 없었다. 식탁 위에 숟가락과 젓가락을 내려놓고 자리에서 일어났다. 그러고는 가방을 챙겨 집을 나섰다.

5학년 2반 교실로 들어선 수진은 의자에 앉자마자 책상에 엎드렸다. 잠자는 시간이 계속 연장되고 있는 기분이었다. 기운이 쭉 빠져 하품만 나왔다.

"아파?"

앞자리에 앉은 지후가 수진의 팔을 흔들며 물었다. 눈을 뜬 수진은 책상에 엎드린 채 고개만 지후에게 돌렸다. 지후도 책상에 엎드려 수진을 보고 있었다.

"아니. 그냥 졸려서 그래. 그런데 너는 왜 그래?"

"잠을 못 잤어."

"늦게까지 스마트폰 봤지?"

"그랬으면 덜 억울할 것 같아. 엄마가 와이파이 공유기를 꺼 버렸거든. 그런데 너무 잠이 안 오는 거야. 양을 천 마리나 셌는데도 잘 수가 없었어. 새벽이 되어서야 겨우 잠든 것 같다니까."

수진은 대답을 길게 하는 지후가 신기했다. 힘이 없어서 말도 별로 하고 싶지 않았다. 지후도 잠을 못 잤다는데 그래도 수진보다는 기운이 있어 보였다.

'정말 아빠 말대로 아침밥을 잘 먹지 않아서 더 힘이 없는 걸까?'

이런 생각을 하며 수진은 고개를 돌리고 눈을 감았다. 그러나 그 시간은 그리 오래 가지 않았다. 선생님이 금방 들어오셨다. 수업 시작이었다. 첫 수업은 하필 수학이었다. 수진은 어깨를 축 내린 채로 수학 교과서를 책상 위에 올려놨다. 그러고는 고개를 들어 선생님을 봤다. 칠판 위에 적힌 숫자가 지렁이처럼 움직였다. 선생님 목소리는 플레이 속도를 세 배나 느리게 조정한 듯 '꾸울렁 꾸울렁' 들렸다. 눈이 점점 감겼다.

"수진아! 임수진!"

누군가 부르는 소리가 들렸다. 동시에 수진의 팔을 쿡 찔렀다. 지후였다. 수진은 감기던 눈에 힘을 팍 주고 앞을 봤다. 선생님과 눈이 마주쳤다. 선생님이 수진을 보고 있었던 모양이다.

"수진이 나와서 문제를 풀어 볼래?"

"네?"

수진은 선생님이 무슨 말을 하는지 알 수 없었다. 그러다 수학 수업이라는 게 떠올랐다. 망했다! 수진은 선생님이 무얼 설명했는지 기억할 수 없었다. 앞에 나가 문제를 풀면 분명 틀릴 터였다. 슬쩍 지후를 봤다. 하품을 하고 있었지만 졸지는 않은 모양이었다. 선생님이 설명한 내용을 노트에 받아 적은 걸 보면 말이다.

'아이, 참! 아침부터 계속 일이 꼬이네.'

수진은 당황스러웠다. 그냥 엎드려 잠자고 싶다는 생각뿐이었다. 그때 자기도 모르게 너무 솔직한 말을 입 밖으로 내뱉고 말았다.

"선생님, 너무 졸려요."

"어?"

이번에는 선생님이 당황한 듯 보였다. 아이들의 웃음소리가 들렸다. 그런데도 수진의 눈은 감겼다.

아침 식사는 우리 뇌가
하루를 시작할 수 있게 도와줘요.

뇌는 우리가 자는 동안 쉬어. 그리고 아침이 되면 뇌도 깨어나. 동시에 지금부터는 움직여야 하는 시간이라고 우리에게 말할 준비를 해. 그래야 우리도 잠에서 깨어나 움직일 수 있으니까. 이때 뇌가 일을 잘하도록 하려면 아침밥을 먹어야 해. 뇌가 영양을 섭취해야 우리 몸 곳곳이 움직이도록 지시를 내릴 수 있거든.

공장을 예로 들어 설명하게. 공장 기계가 움직이려면 가장 필요한 게 전기야. 전기가 부족하다면 기계가 돌아가다가 멈추겠지? 아침밥이 기계를 움직이게 하는 전기와 같은 거야. 그런데 늦게 잔다고 생각해 봐. 당연히 아침에 일어나는 게 힘들 수밖에 없어. '5분만, 10분만' 이런 말이 저절로 나오게 되지. 잠을 제대로 못 자면 피곤이 풀리지 않아. 피곤하면 아침 밥맛도 없어져. 나중에는 밥 먹을 시간에 더 자고 싶어질걸. 아침밥을 안 먹으면 영양 공급이

잘 안 되면서 힘이 없어지지. 그러면 어떻게 될까? 만사가 귀찮아지게 돼. 친구들과 놀기도 싫고 공부는 더더욱 하고 싶지 않고, 모든 일에 의욕이 없어질 수 있어.

어때? 지금부터라도 아침밥을 잘 먹어야겠다는 생각이 드니? **아침밥을 먹으면** 일단 잠자는 동안 텅 빈 배를 든든하게 채워 줘서 **온종일 힘차게 뛰어놀 수 있게 해 줘.** 뇌에 에너지가 채워졌기 때문에, 학교에서도 **집중이 잘 돼.** 그러면 당연히 수업 내용을 더 잘 이해할 수 있어.

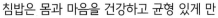

아침밥을 먹으면 **몸무게 조절에도 도움을 줘.** 아침을 굶으면 배가 너무 고파서 점심이나 저녁에 폭식하게 될 확률이 높거든. 한마디로 아침밥은 몸과 마음을 건강하고 균형 있게 만들어 주는 마법이라고 할 수 있는 셈이지. 그러니까 아침밥 꼭꼭 챙겨 먹어서 건강한 어린이가 되어 보자!

07
나는
멀티플레이어

: 철우 이야기

옛날 아주 먼 옛날, 평화로운 판타지 왕국 '아르카디아'에 어둠의 그림자가 드리웠다. 사악한 마왕 데몬로드가 부활해서 세상을 혼돈에 빠뜨렸던 것이다. 이때, 전설의 용사 후손이자 엄청난 검술 실력을 갖춘 카이가 나타났다. 마법 능력도 뛰어난 캐릭터였다.

"와, 미쳤다! 이번 업데이트 완전 대박인데?"

철우는 '아르카디아의 영웅 : 데몬로드의 부활'이라는 게임 영상을 보고 있었다. 며칠 전에 업데이트했는데, 오늘에야 게임 설명과 동시에 직접 게임하는 모습을 담은 유튜브 영상이 올라왔다. 철우는 게임 유튜브 중에 지금 보는 채널을 가장 좋아했다. 이 채널의 유튜버가 게임 속 전투 장면을 진짜 흥미롭게 설명했기 때문이다. 늘 박진감이 넘쳤다. 오늘도 유튜버의 고조되는 목소리를 들으며 게임을 보니까 너무 재미있었다.

"크으, 역시 우리 주인공! 완전 먼치킨이네!"

작은 스마트폰 화면 속에서 주인공 캐릭터가 멋진 갑옷을 입고 악당을 물리치고 있었다. 철우는 주인공이 펼치는 화려한 기술에 감탄하며 탄성을 질렀다. 마법 스킬을 쓰면 번쩍번쩍 빛이 나고, 검을 휘두르면 불꽃이 튀는 모습이 너무 멋있었다. 귀여운 마법사 루나, 덩치는 커도 마음씨 착한 전사 바르칸, 백발백중 명사수 궁수 아리아도 굉장했다.

그런데 철우의 엄마가 찬물을 끼얹었다. 갑자기 스마트폰 화면이 바뀌면서 '엄마'라는 글자가 떴기 때문이다. 결전을 앞둔 마당에 엄마 등장이라니! 위험한 던전을 탐험하던 네 명의 캐릭터가 데몬로드의 성으로 가는 중요한 순간이었기 때문에 엄마의 전화가 지금은 좀 못마땅했다. 정말 엄마는 기가 막힌 타이밍에 전화를 건다. 어떨 때는 엄마가 마법을 부리는 것 아닌지 의심스러울 때도 있었다. 중요한 전투를 앞두고 있을 때 딱 방해하는 걸 보면 말이다.

철우는 임금님께 충언이라도 올리는 신하처럼 자못 진지하게 전화를 받았다.

"어머니! 지금 등장하시면 아니되옵니다."

"무슨 소리야? 철우야, 숙제는 하고 있어?"

"당연하죠."

철우는 입을 삐죽 내밀었다. 책상 위에 문제집이 펼쳐져 있는 장면을 엄마에게 보여 주고 싶었다.

철우는 게임 유튜브를 보면서 학원 숙제를 하고 있었다. 이건 철우의 습관이기도 했다. 철우는 몇 가지를 동시에 하면 더 효율적이라고 생각했다. 유튜브를 보다 광고가 나오거나 좀 재미없는 장면이 나올 때 한 문제씩 풀면, 숙제도 지루하지 않고 시간도 아낄 수 있으니 일석이조라는 것이다. 게다가 오늘 숙제는 쉬운 편이라 더욱 멀티플레이가 가능했다.

"아들! 숙제할 때는 숙제만 하는 거 알지?"

엄마는 동시에 여러 가지 일을 하는 습관을 고치라고 철우에게 몇 번이나 말씀하셨다.

철우는 조금 찔렸지만, 아닌 척 말을 돌렸다.

"어머님, 소인 이제 숙제를 해야 합니다. 전화를 끊어 주소서."

철우는 엄마와 인사하고 통화를 끝냈다. 다시 유튜브를 보면서 학원에서 숙제로 내 준 문제집을 풀었다. 몇 문제 남지 않았다. 역시 유튜브를 보면서 수학 문제를 풀면, 공부한다는 생각이 들지 않고 오히려 숙제를 더 빨리 끝내는 기분이었다. 어느새 숙제를 거의 다 마쳤다! 마지막 문제를 풀고 나니, 학원 갈 시간이 다 됐다. 철우는 한 손에 스마트폰을 잡은 채 학원 갈 준비물을 가방에 쑤셔 넣었다. 서둘러 현관문을 열고 마침 도착한 엘리베이터를 잡아 탔다. 엘리베이터를 타고 있는 이웃 아주머니에게 인사하고는, 철우는 다시 유튜브로 시선을 돌렸다.

데몬로드와 카이의 전투가 막 시작되고 있었다. 데몬로드는 엄청나게 셌다. 마치 불을 뿜는 용처럼 강력한 마법을 펑펑 쏘아 대면서 공격했다. 심지어 무시무시한 몬스터를 마구 소환했다. 그래서일까. 카이를 중심으로 루나, 바르칸, 아리아가 힘을 모아 용감하게 맞서 싸우고 있었지만 데몬로드의 쉴 새 없는 공격에 힘들어했다. 결국 비처럼 쏟아지는 마법 공격에 카이는 몇 번이나 쓰러질 뻔했고, 몬스터도 끈질기게 달려들어 루나를 물어뜯으려고 했다.

"으악! 조심해."

철우는 자기도 모르게 소리를 질렀다. 철우도 자기 소리에 놀라

고, 함께 타고 있던 아주머니도 깜짝 놀랐다. 다행히 그 순간, 땡 소리와 함께 엘리베이터가 1층에 도착했다.

학원에 도착하는 시간까지 유튜브를 볼 생각으로 부지런히 걸었는데 이런, 낭패다! 수학 학원은 버스를 타고 가야 하는데, 걸어서 가는 영어 학원 쪽으로 가고 있었다. 아차, 영어 학원 앞에 다 와서야 잘못을 깨달은 철우는 버스를 놓칠세라 바로 되돌아 뛰어갔다.

이미 학원 차량이 도착해 있었다. 철우는 헐레벌떡 차에 탔다.

"휴. 다행이다."

"내가 다 조마조마했어."

철우가 안도하자 옆자리에 앉아 있던 시현도 같이 한숨을 내쉬고는 이야기했다. 철우는 씩 웃으며 너스레를 떨었다.

"학원 가는 거 잊어버리거나 늦어서 학원 버스 놓치면 게임은 없을 줄 알라고 엄마가 말했거든. 엄마 협박이 무서워서 나름 신경 쓰고 있어."

"와! 우리 엄마인 줄……."

"너희 엄마도 그래?"

"매번 스마트폰 뺏겠다고 협박이야."

시현의 대답에 철우는 웃으면서 다시 스마트폰으로 시선을 돌려,

보던 영상을 이어 보기 했다. 시현이 다가와 철우의 영상을 보려고 힐끔거리자, 철우는 시현이 잘 볼 수 있도록 스마트폰을 시현 쪽으로 옮겨 주었다.

"이 게임 뭐야?"

시현이 물었다. 철우는 게임 이름을 말해 주고 내용도 설명해 줬다. 요즘 5학년 2반 대부분이 춤 챌린지에 관심이 많은 탓에 게임에 관해 이야기할 사람이 없어서 아쉬워하던 참이라 시현의 관심이 더욱 반가웠다. 영상을 함께 보며 이야기하다 보니 금세 학원에 도착했다.

"수업 시작하자. 문제집 펴고."

학원 강의실에 들어서자마자 선생님이 말했다. 철우는 얼른 자리에 앉아 문제집을 펼쳤다. 그런데 아무리 뒤져도 가방에서 필통을 찾을 수 없었다. 분명 아까 넣은 것 같은데 말이다. 철우는 옆에 앉은 강두에게 연필을 빌렸다.

"숙제 다음 장부터 문제를 풀어 보세요. 그리고 한 사람씩 나와서 숙제를 검사 받으세요."

"네."

아이들 모두 대답했다. 철우도 문제를 풀기 시작했다. 지우개가 없어서 불편했지만 다행히 강두 옆에 앉아서 눈치 보지 않고 편히 빌려 쓸 수 있었다. 강두가 선생님 앞에 가서 숙제 검사를 받고 돌아오자, 철우도 앞으로 나가서 숙제였던 페이지를 펼쳐 선생님께 보여 드렸다. 선생님이 빨간 펜으로 채점을 시작했다.

"철우야, 이게 뭐야? 그냥 다 찍었어?"

"아닌데요. 열심히 풀었는데요."

당당하게 대답했지만, 철우의 얼굴이 빨개졌다. 문제집에 빨간 비가 엄청나게 내리고 있었기 때문이다.

"분명 아까 제대로 풀었는데……."

돌아져라~ 돌아져라~

여러 가지 일을
한꺼번에 할 수 없어요.

너희는 동시에 여러 가지 일을 해낼 수 있니? 사람들은 그런 걸 멀티태스킹multitasking이라고 불러. 원래는 컴퓨터가 일을 처리하는 방식에서 이 말이 나왔어. 컴퓨터에서 음악을 재생하고는 인터넷 검색도 하고, 게임도 할 수 있지. 채팅도 가능하고. 사람이 컴퓨터처럼 멀티태스킹한다고 말하면, 참 멋지게 들리지? 그러나 여기에 함정이 숨어 있어. 겉보기에는 능력 있고 빨라 보이지만, 사람이 컴퓨터처럼 모든 일을 꼼꼼하게 해내기는 어렵거든. 예를 들어 볼게.

숙제할 때 텔레비전을 보면 제대로 문제를 풀기 어려워. 지문이 긴 경우는 내용이 머릿속에 잘 들어가지도 않고. 결국 다시 읽고, 또 읽느라 시간도 더 걸리게 돼. 하나에만 집중하지 못하니까 실수도 자주 하게 되고. 이건 뇌가 피곤해서 생기는 문제야. 두 가지를 동시에 처리하는 일은 뇌에게 엄청 많은 에너지를 요구하거든. 문제는 이런 일이 반복되면 기억력도 나빠진다는

힐끗

거지. 특히 어린이는 조심해야 해. 뇌가 아직 발달 중이라서 멀티태스킹의 부작용이 더 크게 나타나기 때문이야.

어른에게도 멀티태스킹의 부작용은 많이 일어나. 상상해 봐. 이거 했다, 저거 했다, 정신이 없고, 무언가를 자꾸 까먹는 어른의 모습을. 실제로 스마트폰을 사용하면서 이런 문제를 겪는 어른이 더 많아졌어.

이 글을 읽는 지금부터 한 가지 일에만 집중하는 걸 연습해서 아예 습관으로 만들어 보는 건 어떨까? **문제집을 풀 때는 책상에서 집중하기, 식사 시간에는 밥을 먹는 것에만 신경 쓰기, 친구들과 대화할 때는 스마트폰 말고 상대방의 눈을 보면서 대화하기.** 생각보다 어렵지 않지? 오늘부터 실천한다고? 와, 무슨 일을 하고 있든 차근차근 집중력 있게 하는 멋진 어른이 된 너희들의 모습이 보인다, 보여!

08
알고리즘
파도타기

: 혜림 이야기

샥
샥

혜림은 학교 연극 동아리에서 활동 중이다. 지금까지 큰 역할은 맡지 못했다. 그래도 연극 활동이 재미있어서 작은 배역이라도 주어지면 열심히 했다. 그 모습을 알아봐 준 걸까? 이번 초등학교 연극 대회에 혜림이 가입한 연극 동아리도 참가하게 되었고, 혜림에게 큰 배역이 주어졌다. 대사가 많고 비중도 높았다. 무대 위에서 망토를 두르고 신비로운 주문을 외우는 자신의 모습을 상상하니, 혜림은 가슴이 콩닥콩닥 뛰었다.

같은 동아리 친구인 송아가 희곡의 제목과 대략적인 줄거리도 이야기해 줬다. 송아는 책을 많이 읽어서 그런지, 긴 줄거리를 잘도 요약해서 말한다고 혜림은 생각했다.

마법의 숲에 평화롭고 아름다운 마을이 있었다. 어느 날 이 마을에 마녀가 나타나 마법의 나무에 저주를 내려 사라지게 한다. 문제는 마법의 나무가 없어지면 마을도 사라질 위험에 처한다는 것이다. 그래서 마을의 아이들과 마법사가 힘을 합쳐서 마법의 나무를 구하려고 모험을 떠나게 된다. 혜림이 맡은 역할이 바로 아이들과 힘을 합쳐 마을을 구하는 마법사였다. 세 명의 아이와 함께 어두운 동굴을 탐험하고 높은 산꼭대기까지 힘들게 올라가는 모습을 보여줘야 했다. 이 모험은 험난한 여정이었다. 지쳐서 포기할 때쯤, 마지막 수수께끼를 풀어 마법의 나무를 찾는 데 결정적 역할을 하는 인물이 바로 마법사였다.

혜림은 수업이 끝나자마자 집으로 향했다. 빨리 희곡을 읽어 보고 싶었다. 친구들이 떡볶이를 먹고 가자고 해도 뿌리쳤다. 이미 심장이 터질 것 같았다. 이런 중요한 역할을 자기에게 줄 거라고 상상도 못 했기 때문이다. 혜림은 방에 들어서자마자 배우가 된 기분으로 프린트된 희곡을 펼쳤다.

"자, 시작해 볼까?"

혜림은 첫 페이지를 넘겼다. 하지만 몇 줄 읽다가 멈춰야 했다.

"으잉? 이게 무슨 말이지?"

낯선 단어가 너무 많았다. 처음에는 어쩌다 한 번일 거라고 생각했는데 산 넘어 산이었다. 모르는 단어가 자꾸 나오니, 눈으로는 읽고 있는데 내용 파악이 어려웠다. 읽었던 문장이 머릿속을 빙글빙글 돌았다.

미사여구, 망각, 추상적……. 단어가 너무 어렵게 느껴졌다. 대사를 외우기 위해서는 일단 의미를 아는 게 중요했다. 혜림은 스마트폰을 꺼내서 검색창에 '미사여구'를 입력했다. 그러자 '아름다운 글과 화려한 구절'이라는 뜻이 나왔다. 다시 '구절'이라는 단어가 모호해서 '구절'을 검색창에 입력했다. '한 토막의 말이나 글'이라는 설명이 나왔다.

"아하! 이런 뜻이구나."

대사를 외워야 하는데, 전체 희곡을 읽어 보고 이해하는 데에도 시간이 꽤 걸릴 것 같았다.

다시 집중하고 읽어 내려가다가 '네 맘을 십분 이해해.'라는 문장에서 또 멈췄다. 혜림은 갑자기 헷갈렸다. 10분 동안 마음을 이해한다는 뜻이라면, 문맥상 이상했다. 혹시나 하고 검색해 보니 '십분'의

뜻이 '아주, 충분히'라고 나와서 혜림은 황당했다.

쏟아져 나오는 새로운 단어에 머리가 아파서였을까, 단어의 뜻을 찾으려던 혜림의 손가락은 자연스럽게 유튜브 아이콘을 눌러 버렸다. 마침 '나의 문해력 점수는?'이라는 쇼츠 영상이 떴다. 궁금해서 바로 들어가 보긴 했지만 문제가 너무 많고 어려워서 포기했다.

무의식적으로 화면을 쓱 밀어올리니, 단어 뜻을 몰라서 벌어지는 웃기는 상황에 대한 쇼츠 영상이 계속 나왔다. 한 친구는 '3일' 안에 과제를 제출해야 한다고 말하고, 다른 친구는 '사흘' 안에 과제를 제출해야 한다며 말싸움하는 영상이었다. 혜림은 이걸 보면서 배꼽을 잡고 웃었다. 사흘이 3일인데, 그것도 모르고 둘이 옥신각신하는 게 바보 같고 너무 우스웠다.

하지만 다음 영상에서는 웃을 수가 없었다. '컴퓨터를 십분 활용해 보세요.'라는 말을 듣고 '십분'을 시간 10분으로 잘못 이해하는 상황이었다. 좀 전 자신의 모습과 똑같아서 혜림은 머쓱했다. 다음 쇼츠는 아이돌 가수가 예능 프로그램에 나와서 단어 뜻을 몰라 말실수를 하는 영상이었다.

"내 정신 좀 봐. 아직 모르는 단어 검색도 다 못 했는데."

혜림은 다시 사전으로 들어가 '망각'과 '추상적'이라는 단어도 검색했다. 그런데 검색된 단어 옆에 강아지가 춤추는 재미있는 동영상이 '뿅' 하고 나타났다. 너무 귀여웠다. 혜림은 강아지의 깜찍한 몸짓에 웃음을 터트리며 그 영상을 열었다. 애완동물의 옷을 판매하는 쇼핑몰이었다. 옷을 입은 강아지들이 춤을 추고 있었다. 혜림은 한참 들여다봤다.

혜림은 시계를 봤다. 벌써 6시가 지나고 몸도 피곤했다.

"내일부터 열심히 해야지."

그러나 혜림의 결심은 지켜지지 않았다. 며칠이 지나도 희곡의 절반 이상을 넘기기가 어려웠다. 글을 읽다가 모르는 단어가 나올 때 자꾸 딴 생각을 하게 됐고, 단어의 뜻을 찾느라 스마트폰을 꺼내면, 꼬리에 꼬리를 물고 이것저것 눌러 댔다.

"으아, 망했다!"

혜림은 침대에 엎드려 발을 동동 굴렸다. 머릿속은 새하얗게 변했고, 가슴은 돌덩이를 얹은 것처럼 답답했다.

"너 때문이야."

"네가 다 망쳤어."

친구들의 원망이 들리는 듯했고, 상상 속의 날카로운 말들이 혜림의 마음을 쿡쿡 찔렀다. 혜림은 결심해야 했다. 대사를 외우지 못하면 역할을 맡아서는 안 된다. 동아리에 피해를 줄 수는 없었다.

다음 날, 혜림은 연습이 끝난 후 친구들에게 말했다.

"미안한데, 정말 정말 미안한데, 나 대사를 못 외우겠어."

"혜림아, 대회가 얼마 안 남았는데, 이게 무슨 소리야?"

나은이 물었지만, 혜림은 눈물이 나와서 말을 이을 수가 없었다. 너무 부끄럽고 미안해서 고개를 들 엄두도 나지 않았다. 마치 커다란 먹구름이 혜림의 마음을 뒤덮은 것 같았다.

"나는 정말 배우가 되기는 글렀나 봐. 그냥 멍청이 같아. 읽고 내용을 파악하는 것도 아직 못 끝냈는데, 대사를 다 외울 수 있을까?"

작은 목소리로 혜림이 겨우 대답했다.

"괜찮아. 내가 도와줄게. 아니다. 내가 책임지고 대사 완벽하게 외울 수 있도록 할게."

씩씩하게 말하는 송아가 슈퍼히어로로 같았다. 혜림은 겨우 고개를 들어 송아를 보며 물었다.

"진짜? 나를 도와줄 수 있어?"

"당연하지."

혜림은 송아를 믿고 싶었다. 연극 무대에 오르고 싶은 마음이 간절했기 때문이다.

"혹시 혜림처럼 대사 외우기 힘든 사람 또 있어? 내가 외울 수 있는 비법을 말해 줄 테니까 얼른 말해."

이어진 송아의 말에 혜림은 깜짝 놀랐다. 솔직히 책임지고 대사를 외우게 한다는 건 믿기가 어려웠지만, 비법이 있다는 말에는 솔깃했다. 그러고 보니 송아는 벌써 대사를 모두 외웠다. 혜림은 송아를 믿어 보기로 했다.

"송아야, 부탁해. 그리고 고마워."

우리 뇌가 팝콘이 되어 버릴 수 있어요.

스마트폰만 보면 지겨울 틈이 없어. 재미있는 영상, 게임, 채팅……. 온갖 즐거운 일이 작은 스마트폰에서 일어나. 스마트폰을 통해 우리가 보는 건 쇼츠나 짧은 글, 또는 이미지화된 이야기가 대부분이야. 그런 것들은 바로 이해되고, 금방금방 넘어가니까 중독성이 있어. 결국 이런 짧은 영상과 글에 빠지다 보면 우리 뇌는 팝콘이 되어 버려.

무슨 말이냐고? 우리가 한 가지에 집중하지 못하고 주의가 분산되면, 마치 팝콘이 터지듯이 생각이 이리저리 튀어 다니거든. 이렇게 빠르고 재미있는 것에만 익숙해져서 집중력을 잃게 되는 뇌 상태를 '팝콘브레인'이라고 해.

그런데 말이야, 우리 뇌가 팝콘브레인이 됐다는 건 뇌가 편식쟁이가 됐다는 말과 같아. 맛있는 과자만 먹다가 채소를 먹으라고 하면 정말 먹기 싫잖아. 똑같아. 긴 글,

긴 영상이 지루하게 느껴지거든. 팝콘이 된 뇌는 짧고 쉬운 것에 익숙해져서 깊은 생각을 싫어하게 돼. 하지만 우리는 긴 글을 읽고 이해하는 능력, 즉 문해력이 필요해. 어떻게 하면 될까?

방법은 책 읽기야. 긴 글을 읽는 연습이 필요해. 처음에는 힘들겠지만 꾸준히 하다 보면 팝콘이 된 뇌가 정상으로 돌아온다고 하더라. 예를 들어, 네가 좋아하는 연예인 인터뷰 기사를 읽는다고 생각해 봐. 짧은 글에만 익숙한 친구는 긴 내용을 건성으로 훑다가 눈에 들어오는 몇 가지만 파악하게 될 거야. 하지만 평소 책을 많이 읽는 친구는 기사 전체를 꼼꼼히 이해하고 그 사람의 생각과 감정을 깊이 이해할 수 있을 거야. 남들이 놓친 정보도 알아낼 테고.

가끔은 한 시간이 넘는 영화를 보는 것도 좋아. 긴 영화를 보면 전체적인 맥락을 이해하려고 노력하게 되거든. 그러다 보면 생각하는 힘을 키울 수 있어.

09
내 옆에 귀신이
앉아 있나 봐

: 강두 이야기

"오늘은 필통 잘 챙겼어?"

강두는 철우를 보고 물었다. 며칠 전 철우는 수학 학원에 필통을 가져오지 않아서 당황한 적이 있었다. 강두가 연필을 빌려줬으니 큰 문제는 없었지만, 분명히 챙겼는데 이상하다며 철우가 계속 신경을 썼던 게 생각났다.

"네 문자 아니었으면, 오늘은 문제집을 놓고 올 뻔했어. 고마워."

철우의 말을 들은 강두는 고개를 끄덕이며 게임 소설을 읽기 시작했다. 요즘 인기가 많은 소설 중 하나였다. 주인공이 빌런을 무찌르고 점점 더 강해지는 모습에 빠져들고 있을 때, 선생님이 들어오셨다.

"오늘은 일단 15분을 줄게. 문제부터 풀어 봐. 너희들이 개념을 제대로 이해했는지, 푼 문제를 보면서 확인해 보자."

선생님 목소리에 강두는 아쉬움을 뒤로하고 스마트폰을 가방에 넣었다. 학원에서는 수업 시작 전에 핸드폰을 무음으로 바꾸거나 전원을 끈 후, 가방에 넣어 두는 게 규칙이기 때문이었다.

강두는 문제집을 펴고 문제를 풀기 시작했다. 첫 문제부터 막혔다. 모르는 문제가 나타나면 생각이 자꾸 게임 소설로 빠졌다. 그런 생각이 커질수록 수학 문제집 속 숫자들이 개미 같아 보였다. 오늘은 특히 개미가 더 많이 기어다녔다. 그래도 문제는 풀어야만 했다. 강두는 연필을 잡고 집중하려고 애썼다.

'120의 약수가 뭐였더라……'

강두의 눈썹은 팔자 모양으로 축 늘어졌고 입술은 뽀로통 나왔다. 머리를 긁적이다 한숨을 내뱉었다. 도무지 알 수가 없었다. 눈에 잔뜩 힘을 주고 문제를 노려봤지만, 문제집 숫자들이 개미 떼처럼 아무렇게나 기어다니는 듯했다. 강두는 자기도 모르게 머리를 감싸 쥐었다. 그런데 그때 '우웅' 하는 소리가 들렸다. 핸드폰 진동 소리

였다. 다른 아이들은 신경 쓰지 않는 걸로 보아 강두의 핸드폰인 듯
했다.

'어이쿠, 전원을 끈다는 게 진동으로 설정됐나?'

선생님에게 혼날 것 같아 얼른 가방 안으로 손을 뻗어 스마트폰
을 찾으려고 했다. 다행히 더는 소리가 들리지 않았다. 선생님도 진
동을 듣지 못했는지 아무 말도 하지 않았다. 강두는 가방으로 가져
가던 손을 멈췄다. 아마도 엄마가 전화했다가 수업 중이라는 걸 깨
닫고 끊어 버린 것 같았다. 그런데 다시 문제에 집중하려는 순간 또
'우웅' 하고 진동이 느껴졌다. 이번에는 좀 더 길게 울렸다. 아무래
도 확인을 해 봐야 할 것 같았다. 중요한 메시지일 수도 있으니까.
강두는 고개를 들어 선생님을 봤다. 들키면 혼이 날 테니 눈치를 보
면서 가방을 뒤적였다. 마치 무얼 찾는 것처럼 태연하게 연기를 하
려고 애썼다. 최대한 고개를 숙이고는 스마트폰을 몰래 가방에서
꺼내 책상 아래서 폰 화면을 보았다. 그런데 메시지는커녕, 스마트
폰의 전원이 꺼진 상태였다. 얼른 스마트폰을 다시 가방에 넣어 놓
고는 모른 척 문제를 풀었다.

"15분 다 지났어. 이제부터 선생님이 설명할게."

선생님이 칠판 앞에 서서 수학 문제를 풀기 시작했다. 각 문제에

서 필요한 개념을 확인하면서, 아이들에게 문제를 맞혔는지 묻기도 했다. 그러나 강두는 선생님 설명에 집중할 수 없었다. 진동 소리가 계속 들렸기 때문이다. 강두가 조심스럽게 손을 들고 말했다.

"선생님, 죄송한데요, 자꾸 핸드폰 진동 소리가 들려요. 누구 핸드폰인지 몰라도 너무 신경이 쓰여서요. 전원을 끄라고 해 주시면 안 될까요?"

"진동 소리가 들린다고? 선생님은 듣지 못했는데."

"이쪽에서 여러 번 들렸어요."

"알았어. 모두 핸드폰 꺼내서 확인해 볼까?"

친구들은 가방에서 핸드폰을 꺼내기 시작했다. 선생님도 돌아다니며 아이들의 핸드폰을 확인했다.

"음, 여기는 무음이네. 그리고 여기도……. 전원이 꺼져 있군."

선생님이 확인한 결과, 모두 규칙대로 핸드폰을 무음으로 설정하거나 전원을 꺼 둔 상태였다. 강두는 좀 무안했다. 선생님은 미소를 지으며 강두에게 말했다.

"강두가 착각했나 보다. 자, 수업을 계속해 볼까?"

선생님은 칠판에 적힌 문제를 보며 설명을 이어갔다. 강두도 선생님 설명에 집중하려고 칠판으로 시선을 돌렸다. 그런데 다시 진동 소리가 들렸다. 아주 작지만 분명 진동 느낌이었다. 고개를 좌우로 두리번거리면서 혹시 다른 사람도 들은 건 아닌지 아이들의 표정을 살폈다.

그때 뒤에서 철우가 강두의 팔을 연필로 콕콕 찔렀다. 강두가 고개를 뒤로 살짝 돌렸다. 철우가 고개를 약간 숙인 채 아주 작은 목소리로 말했다.

"혹시 너, 진동 귀신 옆에 앉은 거 아니야?"

진동 귀신 이야기를 들은 적이 있다.

성적도 좋고 열심히 공부하는 한 학생이 있었다. 더 좋은 성적을 받기 위해 밥도 제대로 먹지 않고, 잠도 자지 않으면서 공부만 하는 아이였다. 그 아이는 공부하다가 피곤하면 가끔 책상에 엎드려 자곤 했는데, 자다가 깨어날 때 몸을 부르르 떤다고 했다. 늘 무리한 공부 스케줄로 과로했던 그 학생은, 어느 날 책상에 엎드려 자다가 영원히 깨어나지 못했다고 한다. 그런데 죽어서 귀신이 된 줄도 모르고, 공부가 하고 싶어서 계속 학원가를 돌아다닌다는 소문이었다. 중요한 건, 그 귀신이 엎드려 자다가 일어날 때 여전히 몸을 부르르 떤다는 것이다. 그때 귀신 옆에 앉아 있는 학생이 그 진동을 느낄 수 있다고 했다.

이것이 바로 학원에 떠도는 진동 귀신 괴담이다. 사람 놀리기 천재인 철우가 지금의 상황을 진동 귀신 괴담에다 꿰맞추려 한다는 걸 강두는 알아차렸다. 히죽대는 철우의 입꼬리를 보니, 지금 강두를 놀리는 게 틀림없었다.

그러나 강두는 맞받아쳐 놀리거나, 웃어넘길 수가 없었다. 진동 귀신 괴담을 떠올리니, 더 가까이에서 진동 소리가 들리는 것만 같았다. 강두는 자신에게만 들리는 소리일까 봐 소름이 돋아서는, 깜짝 놀란 사람처럼 파르르 떨었다.

"강두야, 왜 그러니?"

"선생님, 진동이 또 울려요."

"또? 수업받기 싫어서 그러는 건 아니고?"

선생님의 핀잔에 아이들이 킥킥거리며 웃어 댔다.

강두는 답답했다. 수업받기 싫은 건 맞지만, 그렇다고 진동 소리를 들은 게 거짓말은 아니었다. 분명 미세한 진동 소리를 들었다. 선생님이 믿어 주지 않는다면 어떻게 해야 하나, 강두는 혼자서 생각에 빠져들었다.

'정말로 내 옆에 귀신이 앉아 있기라도 한 걸까?'

가짜 진동을 느꼈다면 유령 진동 증후군일 수 있어요.

혹시 전화나 문자가 오지 않았는데도, 진동이 울린 것 같아 핸드폰을 찾아서 확인한 적 있니? 만약 이런 가짜 핸드폰 진동을 느꼈다면, 유령 진동 증후군의 증상일 수 있어. 핸드폰에 너무 의존하다 보면 나타날 수 있는 증후군이거든.

왜 생기냐고? 핸드폰이 우리 생활에서 중요해지다 보니까 이런 증후군까지 생긴 거야. 이건 신체적 문제라기 보다는 정신적인 문제야. 그러니까 귀가 이상해서 진동을 듣는 게 아니라, 휴대폰 집착 현상, 또는 중독 현상이라고 할 수 있는 거지.

너희도 가끔 핸드폰이 없으면, 불안하고 초조한 기분이 들지 않니? 바로 이런 감정이 우리 뇌를 자극해서 착각하게 만들어. 진동이 울리지 않았는데도 가짜 진동을 느끼게 되는 거지. 특히 스마트폰 사용이 많은 10대나 20대에게서 이런 증상이 많이 나타난다고 하더라.

물론, 유령 진동 증후군이 있다고 해서 죽을병처럼 위험한 상태인 건 아니야. 그러나 이런 증상을 자주 느낀다면, 걱정을 하긴 해야 해. 스마트폰 의존도가 너무 높아져서 마음 건강이 나빠졌다는 의미일 수 있거든.

물론 예방할 수 있어. 계속하는 말이지만 핸드폰 사용을 줄이는 게 가장 중요해. 진동 모드 대신 벨 소리로 설정하고, 벨 소리를 자주 바꿔 주는 것도 하나의 치료 방법일 수 있어. 하지만 이건 소극적인 방법이야.

좀 더 적극적으로 예방하려면 하루에 한두 시간 정도 스마트폰을 다른 방에 두고 책을 읽는 걸 추천해. 아예 밖에 나가서 친구들과 뛰어놀면 뇌가 착각해서 가짜 진동을 느끼는 일 따위는 없을 거야. 그리고 일주일에 한 번은 스마트폰을 사용하지 않는 날을 정해서 실천해 보는 것도 좋아. 이런 작은 노력으로 기분 나쁜 귀신 진동도 이겨 내 보자고!

10
나도 내가
왜 이러는지 몰라

: 시현 이야기

점심을 다 먹은 시현은 운동장으로 나갔다. 그러고는 주변을 한 번 살피며 구석에 자리잡은 뒤, 스마트폰을 꺼내 전원을 켜고 게임 앱을 열었다. 바로 레벨 업 직전인 까닭에 지금 시현의 머릿속은 온통 게임으로 가득 찬 상태였다.

"이제 보스만 잡으면 돼."

시현은 혼자서 중얼거리며 엄지손가락으로 화면을 빠르게 터치했다. 시현의 캐릭터가 적들과 맞서 싸우는데 박진감이 넘쳤다. 드래곤이 나타나자, 시현은 자기 캐릭터를 빠르게 움직여 드래곤의

공격을 막아 내면서, 동시에 두 번 탭하여 강력한 마법을 발사했다. 그러나 드래곤을 막기에는 버거웠다. 시현은 캐릭터의 에너지가 떨어지지 않도록 애를 쓰며 드래곤을 향해 마법 스킬을 계속 사용했다. 그런데 그때 누군가가 시현의 어깨를 툭 쳤다. 시현의 귀에 꽂은 이어폰마저 확 빼 버렸다. 시현은 입술을 비죽거리며 뒤돌아봤다. 지후였다.

"축구하지 않을래? 우리 팀 골키퍼가 없어."

"게임하는 중이야."

"아, 시현아, 제발! 게임은 나중에 하고 축구하자. 응?"

"싫다니깐."

지후는 시현의 말을 듣지 않았다. 막무가내였다.

"점심시간 끝나기 전에 빨리 일어나. 우리 팀이 너 기다리고 있단 말이야. 너 아니면 제대로 된 골키퍼가 없어서 우리가 불리해!"

시현은 정말 하기 싫었다. 지금 눈앞에 있는 드래곤을 넘어뜨려 레벨 업 하는 게 훨씬 재미있었다.

"이번 판만 하고."

"한 판 끝나면 또 한 판 더 하고 싶어지잖아. 그러니까 지금 얼른 가자."

"이 드래곤만 잡고."

"너 어제도 게임만 했잖아. 어린이가 뛰어놀아야지! 우리 엄마가 밖에서 뛰어놀라고 했어. 그래야 건강해질 수 있대. 난 점심시간에 축구하면서부터는 밤에 스마트폰도 안 보고, 잠도 잘 오더라."

지후의 입에서 엄마 이야기가 나오니까 확 성질이 났다. 어른 말 잘 듣는 지후를 엄마가 가끔 칭찬했던 게 생각났다. 안 그래도 게임 하지 말라는 엄마의 잔소리 때문에 집에서는 마음 편히 게임을 할 수 있는 시간이 많지 않았다. 그나마 점심시간은 짧게라도 눈치 볼 필요 없이 게임을 할 수 있는 시간이었다. 시현은 소리를 꽥 질렀다.

"싫다고 했잖아! 나 좀 가만히 내버려둬."

"너 왜 이렇게 성질이야? 그냥 같이 놀자고 한 것뿐이잖아."

"지금 같이 놀자고 한 것뿐이라고? 마치 엄마라도 된 것처럼 강요하잖아."

"내가 언제? 친구에게 축구하자고 조르는 게 나쁜 거야? 그리고 친구가 부탁할 수도 있지. 이 게임중독자야!"

게임중독자라는 말에 시현은 참을 수가 없었다. 지후의 멱살을 잡으며 주먹을 들었다. 지후가 놀랐는지 눈이 동그래졌다. 얼굴도 빨갛게 변했다. 하지만 지후도 화가 나는지 시현의 멱살을 꽉 잡았

다. 목이 바짝 조여 왔다. 시현의 화가 머리끝까지 치밀었다. 참을
수가 없을 지경이었다. 머리 뚜껑이 열린다는 말이 있는데, 시현이
지금 그랬다. 주먹을 앞으로 뻗었다. 그때 강두가 시현의 팔을 잡았
다. 동시에 윤아가 다가와 버럭 소리를 질렀다.

"그만해!"

"둘 다 진정하라고!"

이어진 목소리는 민주였다. 그리고 시현의 팔을 잡은 강두가 두
사람 사이로 비집고 들어오더니 자기 양팔로 시현과 지후를 밀어냈
다. 두 사람 사이가 벌어졌다.

강두가 말했다.

"왜 싸우는 거야?"

"싫다는데 자꾸 축구를 하자니까
화가 나잖아. 나한테 게임중독자라고도
했어."

"겨우 그것 때문이었어?"

"그러니까. 별일 아닌 걸로."

민주가 강두의 말에 공감
했다.

"일단 지후가 사과해. 게임중독자라니, 그건 좀 심하다."

윤아의 말에 지후가 미안하다고 말했다.

"시현이 너도 주먹부터 올린 거 사과해."

"왜 그래야 하는데?"

강두의 말에 시현이 따져 물었다. 강두가 시현을 가만히 바라보더니 심각한 표정으로 물었다.

"시현아, 너 요즘 너무 자주 화내는 거 알아? 오늘 화장실 가다가 부딪혔을 때도 나를 죽일 듯 째려봤잖아. 그냥 실수로 부딪힌 것뿐인데도 그랬어."

"나도 동감. 지난번 급식실에서 생각나? 네가 시금치를 안 먹길래 편식쟁이라고 말했다가 내가 얼마나 민망했는지 알아? 수저를 꽝 놓으며 또 놀리면 가만 안 둔다고 했잖아."

강두의 말에 윤아도 자기의 경험담을 보탰다. 시현은 점점 더 화가 났다.

"너희 지금 힘을 합쳐서 나 한 명을 몰아세우는 거야?"

"그게 아니라고! 네가 요즘 별거 아닌 일에 자꾸 화를 내는 거 같아서 걱정하는 거야. 혹시 무슨 일 있어?"

시현은 민주의 대답에 마음이 조금 누그러졌다. 그래도 화가 풀린 건 아니었다. 왜 내게만 그러냐고 따져 물을 요량이었다. 그러나 수업 준비 종이 울리는 바람에 더 이야기하지 못했다. 어쩔 수 없이 스마트폰을 끄고는 교실로 들어갔다.

시현은 수업에 집중하지 못하고 좀 전의 상황을 떠올렸다. 친구들이 자기를 몰아세운 건 섭섭했지만, 아무래도 요즘 화가 많아졌다는 건 생각해 볼 문제였다. 특히 게임을 할 때, 누군가 시현을 건들면 화가 치밀어 올랐다. 요즘은 잘 참아지지도 않았다. 돌이켜보면 지후에게 화가 나긴 했지만, 멱살을 잡을 만한 일도 아니었다.

'뭐가 잘못된 걸까?'

시현의 마음에 먹구름이 몰려왔다. 왜 자꾸 화가 나고 짜증만 부리는지 알 수 없었다. 이러다가 친구들과 사이가 나빠질까 봐 걱정이 됐다.

수업이 끝나고 집에 돌아온 시현은 방에 들어가자마자 침대에 몸을 던졌다. 오늘 학교에서 지후와 싸운 일 때문에 마음이 불편했다. 그러다 시현은 다시 게임을 시작했다. 계속 생각하기가 싫어서였다. 빨리 잊어버리는 방법으로는 게임이 최고니까. 그런데 10분쯤 지났나? 엄마 목소리가 들려왔다.

"시현아, 무슨 일 있었어? 게임 그만하고 얘기 좀 해 봐."

별것도 아닌 엄마의 말에, 시현은 다시 화가 나서는 핸드폰을 바닥에 던져 버렸다. 자기가 한 짓에 시현도 놀랐다. 엄마는 아무말 없이 바라보고 있었다.

"죄송해요. 나도 모르게……."

갑자기 눈물이 났다. 요즘 정말 왜 이러는 건지, 지후도 가슴이 답답했다.

들어져라~ 들어져라~

스마트폰을 오래 하면
공감하는 능력을 잃게 돼요.

　요즘 톡하면 화내는 친구들이 많아졌다는 말을 들은 적 있니? 별일 아닌데도 화를 내는 친구와 싸운 적은 없어? 의견이 맞지 않으면 대화로 풀어야 하는데 무턱대고 소리부터 지르는 친구 때문에 곤란했던 적은? 아마 이런 경험이 있는 친구들이 꽤 있을 거야.

　어려서부터 스마트폰에 대한 의존도가 높아지면서 이런 문제가 더 많아졌대. 스마트폰을 오래 하면 감정 조절 능력이 떨어지거든. '욱' 하는 충동성이 높아진다는 연구 결과도 있어. 특히 뇌에서 공감을 담당하는 부위의 활동성이 줄어든대. 공감 능력이 떨어지면, 남을 이해하는 폭이 좁아져서 상대방을 배려하기보다는 자기중심적으로만 생각하게 돼. 그러니까 그냥 한 말인데도 자신을 무시했다고 오해하거나, 자꾸 피해를 입었다고 억지를 부리면서 화를 내게 된다고 하더라.

물론 살다 보면 화가 나는 일이 있겠지. 무조건 참아야 한다는 뜻이 아니야. 화가 나는 상황에서 제대로 화를 표현할 방법은 없을까? 다음 연구 결과를 먼저 살펴보자.

아이들이 5일 동안 스마트폰을 전혀 사용하지 않으니까 감정 상태가 안정되면서 다른 사람의 감정을 이해하는 공감 능력이 크게 좋아졌대. 이 결과는 **스마트폰 대신 사람과의 상호작용이 중요**하다는 걸 보여 주고 있어. 부모님이나 친구들과 더 많이 소통하면 직접적인 관계를 통해 감정을 조절하는 법을 배운다는 뜻이야.

그러나 너희들! 5일 동안 스마트폰을 하지 않고 살 수 있어? 있다고? 짝짝짝! 할 수 있다면 스마트폰을 잠시 멈춰 보는 거야. 그게 자신 없다면, 매일 **일기 쓰기**를 추천해. 오늘 내가 무슨 일을 했는지 되돌아보는 습관을 지닌다면 공감 능력을 키우는 데 도움이 될 거야. 화를 내고 후회가 될 때는 차분히 앉아서 내가 **왜 화를 내는지 정리해 보는 것도 도움이 돼**. 이렇게 해도 분노를 조절하기 어렵다고? 그렇다면 부모님과 함께 전문가 상담을 받아 보는 것도 좋은 방법이야.

11
게임 집중력은 최고, 공부 집중력은 최하

: 윤서 이야기

미술 학원을 나서는 순간 스마트폰 알림이 울렸다. 철우가 보낸 디엠이었다. 윤서의 입이 귀에 걸렸다. 그렇지 않아도 윤서는 철우에게 조금 토라져 있었다. 오늘 학교 수업이 끝난 후에 철우와 함께 하교하기로 했는데, 철우가 먼저 집에 가 버려서 살짝 화가 난 상태였다. 아마 미안하다는 사과의 디엠이겠지…….

윤서는 철우와 사귀면서부터 철우의 말 한마디 한마디에 신경이 쓰였다. 섭섭할 때도 많이 있었다. 이런 마음을 철우에게 투정 부리며 표현하고 싶다가도, 잘생긴 철우의 얼굴을 보는 순간 바보같이 모든 화가 눈 녹듯 사라져 버렸다. 윤서는 얼른 디엠을 확인했다.

- 우리 그만 만나자.

헉! 예상하지 못한 내용이었다. 순간 누군가가 윤서의 뒤통수를 때리는 듯했다. 오늘따라 유난히 지평선을 넘어가는 태양의 햇살이 눈부셨다. 그래, 눈이 부셔서 잘못 봤을 수도 있다. 정신을 차리고 눈을 비비며 다시 스마트폰을 봤다. 하지만 아니었다.

윤서가 헤어지자는 이유를 물어보려는데, '보내기'를 누르기 전에 철우의 또 다른 디엠이 먼저 도착했다.

- 나는 공부 잘하고 똑 부러진 네가 좋았어. 하지만 이제는 아닌 것 같아. 미안해.

윤서는 디엠 내용을 보자 심장이 쿵 바닥으로 떨어지는 기분이었다. 눈물도 났다. 갑자기 이별 통보를 받은 것도 놀라운데, 헤어져야 하는 이유가 공부를 못해서라니! 그러나 따질 수가 없었다. 철우가 윤서에게 고백할 때 했던 말이 떠올랐다.

"네가 공부를 잘해서 좋아."

윤서는 집으로 향하는 내내 철우에게 해야 할 말을 찾으려고 애썼다. 그러나 마땅한 말이 떠오르지 않았다.

"비켜요!"

골목에서 갑자기 자전거가 나타났다. 자전거를 탄 사람도 윤서를 보지 못했는지, 비키라며 고래고래 소리를 질러 댔다. 그제야 윤서의 눈에 자전거가 들어왔다. 윤서는 코앞까지 다가온 자전거를 겨우 피했다. 그러나 갑자기 몸을 피하다가 손에 쥔 스마트폰이 미끄러지며 바닥에 떨어지고 말았다. 윤서는 당황하며 얼른 허리를 굽혀 스마트폰을 잡았다.

"어떡해!"

화면에 거미줄이 잔뜩 있었다. 심지어 스마트폰 불빛도 사라졌다. 불길했다. 일단 윤서는 호흡을 내뱉으며 마음을 가라앉히고 스마트폰 전원을 켰다. 역시! 나쁜 예감은 항상 잘 맞는다. 전원을 켜도 검은색 스마트폰 화면에 불빛이 들어오지 않았다. 윤서는 어떻게 해야 할지 몰라 입술만 깨물었다. 철우의 이별 통보를 받은 것만으로도 마음이 무거웠는데 스마트폰까지 깨져 버리다니. 모든 것이 무너지는 느낌이었다. 핸드폰 안에 저장해 둔 친구들 연락처와 사진도 마음에 걸렸다.

집에 도착한 윤서는 방으로 들어가 울었다. 그냥 눈물이 계속 났다. 고장 난 핸드폰은 엄마가 퇴근하고 오시면 솔직히 얘기하고 고칠 방법을 찾아봐야 할 것 같았다. 하지만 이별의 아픔으로 고장 난 마음은 어떻게 고쳐야 할까? 윤서는 울다 깜빡 잠이 들었다.

눈을 떠 보니 어느새 밖이 어두워져 있었다. 퇴근한 엄마가 현관문을 열고 들어오는 소리가 들렸다. 윤서는 엄마에게 인사하고는 다시 방으로 들어와 책상 앞에 앉았다. 부엌에서 엄마가 저녁밥을 준비하는 소리가 났다. 윤서는 고민하다가 입술을 꽉 깨물며 의자에서 일어나 다시 방 밖으로 나갔다.

"엄마……."

엄마가 뒤돌아봤다. 윤서가 손에 들고 있던 스마트폰을 내밀었다. 엄마의 눈이 커지고 이마에는 주름이 팍 잡혔다.

"이게 뭐야? 스마트폰이 왜 이렇게 됐어?"

"자전거를 피하려다가……."

"조심 좀 하지. 다친 데는 없고?"

윤서가 괜찮은지 물어보는 것은 잠깐일 뿐, 엄마는 손을 허리에 올리며 깊은 한숨을 내쉬었다. 윤서는 엄마가 자기보다 핸드폰을 더 걱정하고 있겠지, 속으로 생각했다.

"조심 안 한 게 아니고, 학원 나오는데, 그냥, 그냥……."

엄마는 윤서의 말을 끊었다. 화난 목소리였다.

"너 핸드폰 비싼 거 알아, 몰라? 너 길에서 핸드폰 했어, 안 했어? 그러지 않기로 엄마랑 약속했니, 안 했니? 그래, 안 그래?"

엄마의 폭풍 잔소리 랩이 시작되었다.

"차라리 잘됐다. 어차피 약속 어기면 핸드폰 일주일간 안 하기로
했으니, 이참에 시험 끝날 때까지 스마트폰 없이 지내 봐. 엄마 말이
맞아, 안 맞아?"

"엄마……. 제발요."

"스마트폰 새로 사는 건 시험 끝나고 이야기하자."

윤서는 철우에게 차인 것으로도 버거운데, 엄마에게 야단까지 맞
으니 너무 속상했다. 엄마를 설득하기도 어려울 것 같았다. 생일 선
물로 좋은 스마트폰을 사 주신 건데, 엄마의 마음도 이해가 갔다. 어
쩔 수 없이 방에 들어와 멍하니 깨진 스마트폰을 내려다봤다. 액정
만 수리하더라도 비용이 꽤 비쌀 것 같아 마음이 무거웠다.

그때 윤서의 머릿속에 한 가지 좋은 생각이 떠올랐다. 철우의 마
음을 돌리고, 엄마의 마음도 돌리고, 새 스마트폰도 사는 것! 이걸
동시에 해결할 수 있는 유일한 방법은 성적을 올리는 것이다.

윤서는 책상 앞에 앉아 국어 교과서를 펼쳤다. 책상 위에는 연필,
지우개, 형광펜이 정돈되어 있었다. 입술에 힘을 주고 눈을 부릅떠
서 교과서를 봤다. 그런데 교과서 첫 페이지를 보자마자 엄마의 꾸

중과 철우의 이별 디엠이 머릿속에 떠올랐다. 어수선한 마음이 가라앉지 않았다.

"집중해야 해!"

자신에게 다짐하며 이번에는 교과서의 첫 단락을 소리 내어 읽기 시작했다. 하지만 한 문장을 읽고 나면, 금세 다른 생각이 스멀스멀 올라왔다.

'철우는 지금 뭘 하고 있을까?'

'이번 성적 오르면 최신형 스마트폰을 새로 살 수 있을까?'

'참, 어제 민주 떡볶이 값 내가 대신 내 줬는데, 설마 먹튀하는 건 아니겠지?'

윤서는 입 밖으로 소리 내며 글자를 읽고 있는데도, 머릿속으로

는 딴 생각을 하고 있었다. 윤서는 고개를 흔들며 다시 정신을 차리고 잡생각을 떨치려고 했다.

　방법을 다르게 해 보기로 했다. 책상 위에 놓인 형광펜을 집어 들고 중요한 부분에 밑줄을 그어 가며 집중 읽기를 했다. 하지만 얼마 지나지 않아, 눈앞의 글자가 흐릿해졌다. 다시 철우가 헤어지자고 했던 디엠이 떠올라 마음이 심란했다. 윤서는 공부하기 전에 머릿속을 환기시켜야 하나 고민했다. 이별 통보를 잊고 싶었다.

　"맞다! 친구들과 8시에 게임 접속해서 만나기로 했는데…… 핸드폰이 깨져서 어떻게 하지?"

윤서는 두 손을 모으고 뇌를 풀가동했다. 그래! 아빠 방 노트북이 떠올랐다. 역시 이럴 땐 잔머리가 잘 돌아간다. 윤서는 태연한 얼굴과 그렇지 못한 조심스러운 발걸음으로 싱크대 앞에 서 있는 엄마 뒤를 지나, 아빠 방에 무사히 도착했다. 그러고는 재빨리 노트북을 낚아채서 윤서의 방으로 돌아와 방문을 닫는 것까지, 미션 파서블!

평소에는 스마트폰이 있어서 노트북을 잘 쓰지 않으니, 엄마는 윤서의 '미션 파서블'을 짐작도 못할 것 같았다. 벌써 접속하기로 한 시간에서 10분이나 지났다. 윤서도 서둘러 입장했다. 공주를 키우는 게임이었다. 윤서는 주어진 미션을 클리어하고 공주에게 필요한 드레스와 장식을 샀다. 공주에게 사 준 아이템이 점점 업그레이드 되는 걸 보니 배시시 웃음이 났다. 만족스러웠다.

"윤서, 뭐 하니?"

엄마의 목소리에 퍼뜩 정신을 차렸다. 스마트폰을 새로 사 달라고 조르는 중인데, 게임하는 걸 들키면 엄마 화를 돋울 게 분명했다. 윤서는 국어 교과서를 덮고 수학 문제집을 꺼냈다.

"수학은 더 집중할 수 있을 거야."

철우는 오늘 달리기 시합에서……. 철우라니! 하필이면 수학 문제집의 예문에 철우가 등장했다. 갑자기 다시 우울했다. 이별한 날 공부를 해야 하는 자신의 처지를 생각하니 더 슬펐다. 핸드폰이 없어서 친구한테 수다도 떨 수 없었다.

다시 문제집으로 눈을 돌렸다. 연필을 잡고 몇 번이나 답을 써 보았지만, 소용없었다. 게임을 할 때는 모든 걸 잊을 수 있는데, 왜 공부할 때는 딴생각이 떠오르는 건지……. 윤서는 공부할 때도 게임할 때처럼 집중력이 솟아나면 좋겠다고 생각했다.

흩어져라- 흩어져라-

게임 집중력과 공부 집중력은 달라요.

"공부를 좀 그렇게 해 봐라!" 게임할 때 이런 잔소리를 한 번쯤 들어 봤을 거야. 유튜브나 웹툰을 볼 때 우리는 집중을 꽤 잘해. 게임을 할 때는 옆에서 말하는 소리를 듣지 못할 정도로 몰입할 때도 있어. 그런데 이상하게도 공부하거나 책을 읽을 때는 집중하지 못해. 왜 그런 걸까?

일단 게임을 할 때 집중력은 밖에서 오는 자극을 받아서 몰입하는 경우야. 공부할 때 생기는 집중력은 내가 스스로 몰입하려고 움직여야 해. 그래서 게임할 때 몰입은 자극이 강하면 강할수록 잘 깨지지 않지만, 공부할 땐 내가 주체적으로 생각하고 집중하는 것이기 때문에 몰입이 쉽게 깨져.

문제 해결이라는 측면에서도 게임 집중력과 공부 집중력은 차이가 있지. 게임 집중력은 이미 정해진 규칙과 방법에 따라 문제를 푸는 거야. 그러나 공부 집중력은 문제를 해결할 규칙과 방법을 찾는 힘을 길러 줘.

그렇다면 공부 집중력을 어떻게 길러야 하는 걸까? 몰입 상태가 되려면 정확한 목표가 있어야 해. '10페이지까지 풀 거야.'

'단어를 10개 외울 거야.' 너무 큰 목표보다는 이런 구체적인 목표가 좋아. 그리고 목표가 허무맹랑하면 목표를 향해 가는 과정에서 성취감이 생기지 않을 거야. 몰입이 바로 깨질 수밖에 없어. 결국 몰입은 목표를 향해 가는 과정에서 생기는 어떤 경험이야.

집중력도 훈련이 필요해. 공부 집중력은 금세 잘 사라지거든. 일정한 시간 동안 의자에 앉아서 공부하거나 책을 읽는 습관을 들이는 거야. 이때 알람을 이용해 보자. 30분, 또는 더 짧게 15분으로 시작해도 좋아. 숙제를 다 하기에 부족한 시간이더라도 그 시간 동안은 책상 의자에 앉아 있는 거야. 그렇게 연습하다 보면 점점 집중하는 시간이 늘어날 거야.

12
내가
도둑이라고?

: 도하 이야기

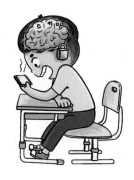

요즘 도하의 최애 유튜브 채널은 '어른과 아이의 반전 세계'였다. 어른과 어린이가 서로 역할을 바꿔서 일어나는 상황이 정말 웃겼다. 아이들은 단정한 옷을 입고 어른처럼 행동하고, 어른들은 아이 말투로 얘기하고 떼를 쓴다. 제일 웃겼던 영상은 '마트 가는 날'이었다. 아이가 된 어른이 장난감 코너에서 바닥에 드러누워 장난감을 사 달라고 울며불며 조르는 이야기였다. 당연히 어른이 된 아이는 어른을 달랬다. 아이도 꼭 어른처럼 연기를 잘했다. 우리 아빠를 보는 듯했다.

학교 수업이 끝난 후 도하는 집에 같이 가자는 수진에게 먼저 가라고 말했다. 새로 업데이트된 영상이 궁금해서 보고 갈 생각이었다. 교실에 남은 도하는 스마트폰의 전원을 켜고 유튜브로 들어갔다. 새로 올라온 영상의 첫 장면은 어른이 된 아이가, 아이가 된 어른을 혼내는 모습이었다. 어른 역할을 하는 아이는 굳은 표정을 짓고 팔짱을 낀 채 어른을 보며 말했다.

"숙제는 다 했어? 방은 청소했니?"

그러자 아이 역할을 하는 어른이 머리를 긁적이며 부끄러운 표정으로 "아직 못 했어요." 라고 답했다.

"우리 아들, 맴매 맞아야겠네!"

도하는 배꼽을 잡고 웃었다. 어른이 아이처럼 꾸중을 듣는 상황이 너무나 통쾌했기 때문이다. 한참 재밌게 보고 있는데 갑자기 민수가 도하의 어깨를 건드리며 말했다.

"혹시 내 스마트폰 못 봤어? 분명히 책상 위에 뒀거든."

"글쎄, 난 못 봤는데. 그런데, 너 아직 안 갔었냐?"

"아니야, 분명히 여기 책상에 뒀어. 내가 화장실 갔다 온 사이에 없어졌거든. 그리고 지금 교실에 남아 있는 건 너뿐이잖아. 이상하네……."

도하는 기분이 나빴다. 민수의 "이상하네."가 언짢았다. 다음 말이 "그럼 네가 가져간 거네."인 것 같아서였다. 괜히 도둑으로 몰리는 기분이 들었다.

"나, 아니야."

"그러면 내가 나간 사이 교실에 누가 들어왔었어? 내가 화장실 갈 때 교실에 너하고 나뿐이었거든."

"아무도 안 들어왔어."

"들어온 사람이 없었다면, 너 밖에 없어."

"아니라니까."

도하가 소리를 질렀다. 마침, 시현이 나타났다. 밖에서 민수를 기다리다가 민수가 하도 오지 않으니까, 교실로 들어왔다고 했다. 시현은 민수의 이야기를 듣고는 말했다.

"도하가 훔쳤다고 단정 짓지 마. 다른 가능성도 있잖아."

"다른 가능성? 무슨 가능성?"

"네가 다른 곳에 두고 깜빡했을 수도 있잖아."

민수는 시현의 말에 잠시 생각하더니 고개를 저었다.

"그럴 리 없어. 난 분명히 여기 뒀어."

도하는 입을 다물었다. 어차피 믿어 주지 않을 것 같았기 때문이다. 시현도 도하를 의심하는 것 같았지만, 그래도 민수가 대놓고 도둑으로 몰아가지 못하도록 막아 줬다. 이대로 자리를 떠나 버린다 해도 기분은 계속 찝찝할 것 같았다. 도하는 가방에 있는 책과 공책을 모두 꺼내서 텅 빈 책가방 속까지 두 사람에게 보여 주었다. 아무것도 없는 걸 알고 민수는 이상하다며 고개를 갸웃했다. 그러면서 엄마에게 혼날 일을 걱정했다.

범인은 잡지 못했다. 도하는 민수와 시현이와 함께 집으로 돌아가는 내내 발걸음이 무거웠다. 도둑으로 의심받는 상황이 너무 화가 나는데, 자기가 범인이 아니라는 걸 논리적으로 증명할 수 없어서였다. 민수 말대로 화장실 다녀온 사이 사라진 거라면 누군가 교실에 들어왔다는 건데, 도하는 아무리 생각해도 교실에 누가 들어온 걸 보지 못했다.

'화장실에 놓고는 엉뚱한 곳에서 찾고 있는 거 아닐까?'

도하 입장에서는 오히려 민수를 의심할 수밖에 없었다.

집에 도착한 도하는 엄마가 준비해 준 간식을 보고도 별다른 반응을 보이지 않았다. 오늘은 그럴 기분이 아니었다.

"방으로 들어갈게요."

"무슨 일 있었니?"

"아무 일도 없었어요."

도하는 거짓말을 했다. 엄마가 그 얘기를 들으면 걱정할 테니까. 방으로 들어선 도하는 침대에 누워 오늘 일을 곱씹었다. 그때 스마트폰이 울렸다. 민수였다. 도하는 잠시 망설이다가 전화를 받았다.

"여보세요?"

"도하야, 나 민수야."

"내가 안 가져갔다니까!"

도하는 무턱대고 자기를 의심하는 민수에게 섭섭하고 화가 났다. 그런데 민수가 갑자기 사과했다. 도하는 어리둥절했다.

"그……. 미안해, 도하야. 제대로 알아보지 않고 네가 스마트폰을 가져갔다고 의심한 거 사과할게."

도하는 고개를 갸웃했다. 좀 전에 교실에서 도하를 범인으로 몰아가던 민수의 모습을 떠올리면 사과는 뜻밖이었다. 도하는 어떻게 된 일인지 궁금해서 물었다.

"스마트폰 찾았어?"

"응. 내 여동생이 범인이었어. 걔가 날 찾으러 우리 교실에 왔다가 내 핸드폰을 알아보고는 가져갔던 거더라고. 그걸 이제야 말해 주는 거야. 날 골탕 먹이려고 일부러 그랬나 봐. 도하야, 아까 일은 정말 미안해."

도하는 사과를 받아 줘야 할지 고민이 됐다. 아무리 생각해도 의심받았다는 사실 때문에 계속 마음이 불편했지만, 그래도 범인이 아니라는 것이 밝혀져서 다행이라고 생각했다.

"알겠어. 다음부터는 막 의심하고 그러지 마. 정말 기분 나빴어."

"그래. 미안해. 그런데 물어볼 게 있어. 너는 내 여동생이 교실에 들어오는 거 정말 몰랐어?"

"살금살금 들어왔나 봐. 몰랐어."

"아니라던데? 네 이름도 불렀고, 너한테 나 못 봤냐고도 물어봤다던데? 네가 나 못 봤다고 대답까지 했대. 그래서 내 핸드폰 갖고 그냥 나왔나 봐. 동생이 왔다 간 걸 알았으면 너를 의심하지도 않았을 텐데……."

민수는 살짝 도하를 탓하는 것 같았다. 도하는 이상했다. 자기를 부르는 소리를 들은 기억이 없었다. 도하가 대답하지 않자, 민수가 이어서 말했다.

"하긴, 네가 스마트폰하고 뽀뽀하는 줄 알았다고 여동생이 말하더라. 뭘 그렇게 재미있게 보는지 혼자 막 웃었대. 너는 뭘 보고 있었길래 그랬어?"

"어른과 아이의 반전 세계라는 유튜브를 봤어."

대답을 하면서 도하는 씁쓸했다. 그제야 민수의 여동생이 교실에 왔다 간 게 떠올랐기 때문이다. 왜 그게 지금에야 생각이 난 걸까? 민수가 물어봤을 때 떠올랐다면 도둑으로 의심받는 기분 나쁜 경험은 하지 않았을 텐데…….

'스키마'라는 단어가 있어. 기억을 더 잘할 수 있게 해 주는 뇌의 도구야. 우리 머릿속에 있는 파일 폴더나 서랍 같아. 예를 들어 학교라는 스키마에는 학교에서 일어나는 일, 교실, 선생님, 친구들에 대한 정보가 담겨 있어. 이런 단기 기억이 모여서 우리가 나이 들어서도 학교를 추억할 수 있는 셈이지. 그래서 스키마가 잘 만들어지는 건 엄청나게 중요한 일이야. 새로운 정보를 빠르게 이해하고 기억하는 데 도움이 돼.

그렇지만 스마트폰만 보다 보면 스키마 생성에 문제가 생겨. 스마트폰에 집중력을 뺏기면 스키마라는 서랍장에 기억이 잘 저장되지 않아. 친구들과 나눈 대화 같은 단기 기억이 자꾸 사라진다는 말이야.

도하가 유튜브를 보느라 주변 상황을 놓친 것은 스마트폰 사용이 스키마 생성 능력에 영향을 미쳤기 때문이야. 우리 반 학생이 아닌데 우리 교실에 왔다면 처음에 누구인지 궁금해하는 게 정상 반응이야. 만약 누구인지 안다면 왜 왔는지 궁금한 게 일반적이지. 그런데 도하는 민수의 여동생과 대화까지 나누었는데도 기억을 하지 못했어. 어떻게 보면 무서운 일이야. 자칫 도둑으로 몰릴 뻔했으니까.

그러면 예방할 방법은 없을까? 시현 이야기에서 추천했던 것처럼 **일기 쓰기를 추천해.** 하지만 그날 일을 대충 쓰는 게 아니야. **구체적으로 써야 해.** 일기 쓸 내용이 없다면, **있었던 일을 순서대로 적기만 해도 좋아.** 수업

시간에 있었던 일을 구체적으로 적어 보는 거야. 예를 들어 오늘 체육 시간이 있었다면, 몇 교시에 운동장에 나갔고, 몇 번째 줄에 섰고, 뭘 했는지 쓰는 거야. 일기 쓰기는 스마트폰 생활로 흩어지는 나의 작은 기억을 차곡차곡 모아 놓는 연습이 된단다.

13
말보다
톡이 먼저

: 송아 이야기

마지막 수업이 끝나는 종이 울렸다. 송아는 가방을 챙겨 들고 밖
으로 뛰쳐나갔다.

"송아야, 떡볶이 먹으러 가자!"

윤서가 앞서가는 송아를 따라잡느라 뛰었는지, 헉헉 숨을 내뱉으
며 말했다.

"나도 같이 가자!"

혜림이 끼어들었다. 윤서가 고개를 끄덕이자, 송아가 물었다.

"어디로 갈까?"

"어디로 가긴. 우리가 항상 가는 데 가야지. 나는 거기가 제일 맛있더라."

윤서가 말한 곳은 학교 앞 길목에 있는 떡볶이집이었다. 주인 할머니가 인심도 좋아서 어쩌다 어묵을 서비스로 주시기도 하고, 김말이를 하나 더 넣어 주실 때도 있었다.

세 사람은 학교를 나와 떡볶이집으로 향했다. 걷는 내내 송아는 스마트폰을 계속 봤다. 학교 대나무숲에 누군가가 고백을 남겼기 때문이다. 고백한 사람이 누군지 모르는 상황이었다. 다만 고백받은 상대가 5학년 2반 남자아이라는 추측이 꽤 됐다. 대나무숲 글을 본 아이들은 저마다 추리하느라 정신이 없는 상태였다.

"너도 이거 봤어?"

"뭘?"

윤서가 되묻자, 송아가 스마트폰을 내밀었다. 폰에 대나무숲 앱이 열려 있었다. 윤서가 대나무숲 내용을 읽을 시간을 준 다음, 송아는 다시 물었다.

"너는 짚이는 사람 있어?"

"아니, 몰라. 그런데 누군지 꼭 찾아야 하는 거야?"

"궁금하잖아. 댓글 보니까 모두 알고 싶어서 난리인 것 같은데."

송아는 계속 스마트폰 화면을 아래로 밀며 댓글을 읽어 내려갔다. 길목으로 차가 지나가는 것도 모를 정도였다. 다행히 차가 올 때마다 윤서가 송아의 옷을 잡아당겨 줬다.

"얼른 들어가자."

윤서의 말에 송아는 고개를 들었다. 벌써 떡볶이집 앞이었다. 자리를 잡고 앉자마자 윤서가 메뉴판을 펼치더니 물었다.

"뭐 주문할 거야?"

"아무거나. 네가 먹고 싶은 거 시켜."

"너희들, 떡볶이 먹으러 왔으면 떡볶이를 먹어야지. 톡은 이따가 해도 되잖아."

윤서의 말에 송아와 혜림은 머쓱해하며 스마트폰을 테이블 위에 올려놨다. 하지만 송아의 신경은 스마트폰에 가 있었다. 친구들이 계속 톡을 보냈기 때문이다. 고백을 받은 사람이 너네 반이라던데 맞냐, 누구 아니냐, 여기저기서 질문이 쏟아졌다. 송아도 빨리 대답해 주고 싶었지만, 윤서의 말이 걸려서 잠시 참아 보기로 했다.

드디어 주문한 떡볶이와 튀김이 나왔다. 요즘 로제 떡볶이도 있고 짜장 떡볶이도 있지만 송아는 역시 오리지널 고추장 떡볶이가 가장 맛있었다. 윤서와 혜림은 송아와 취향이 비슷했다. 떡볶이를 한 입 먹자 매콤하고 달콤한 고추장과 쫄깃한 떡이 입에서 춤을 추는 듯했다. 매일매일 먹어도 질리지 않는 맛! 그러나 그것도 잠시, 스마트폰 화면에 알림창이 뜨면서 부르르 진동이 울렸다. 송아는 윤서 눈치를 보던 것도 잊고 습관적으로 스마트폰을 다시 들었다.

"지금 우리 반에서 고백받은 사람으로 추측되는 후보가 철우와 시현인가 봐."

송아는 한 손에는 핸드폰, 다른 손으로는 포크를 잡고 떡볶이를 먹으면서 말했다. 그러다가 아예 포크를 입에 물고 양손으로 핸드폰을 잡았다. 혜림도 대화에 참여했다.

– 철우와 시현이도 대나무숲 고백 사건을 아는데, 모른 척하는 것 같아.

– 진짜 철우나 시현이 둘 중 하나인가?

– 그럴지도 모르지.

– 누군가 직접 고백했다가 거절당하고는, 대나무숲에 다시 한번 고백한 거 아니야?

송아는 피식피식 웃음이 새어 나왔다. 대나무숲에서 말한 아이가 누구인지 너무 궁금했다. 솔직히 여자아이라는 증거가 없는데도 고백을 한 사람은 여자, 고백을 받은 사람은 남자라고 확정 짓는 분위기였다. 어쩌면 고백한 아이가 누구인지 알고 있는 건가 싶기도 했다. 하여튼 다들 남 사랑 고백 이야기에 열을 올렸다.

"송아야! 혜림아!"

"응. 말해."

윤서가 불렀지만, 송아는 스마트폰에 시선을 고정한 채 대답했다. 혜림도 마찬가지였다.

"너희들 뭐 하는 거야?"

"톡 하잖아."

윤서의 물음에 송아가 대답했다. 그러자 윤서가 포크를 내려놓고 물 한 모금을 마시더니 말했다.

"나 할 말 있어."

송아는 스마트폰 화면에 집중하느라 윤서의 말을 듣지 못했다.

"나 할 말 있다고!"

윤서가 다시 한번 소리치자, 이번에는 혜림이 스마트폰을 보면서 대답했다.

"어? 말해."

"제발 톡 좀 그만하고 나 좀 봐 봐!"

윤서는 화를 터뜨렸다. 송아는 깜짝 놀라 스마트폰을 내려놓고 윤서를 쳐다봤다.

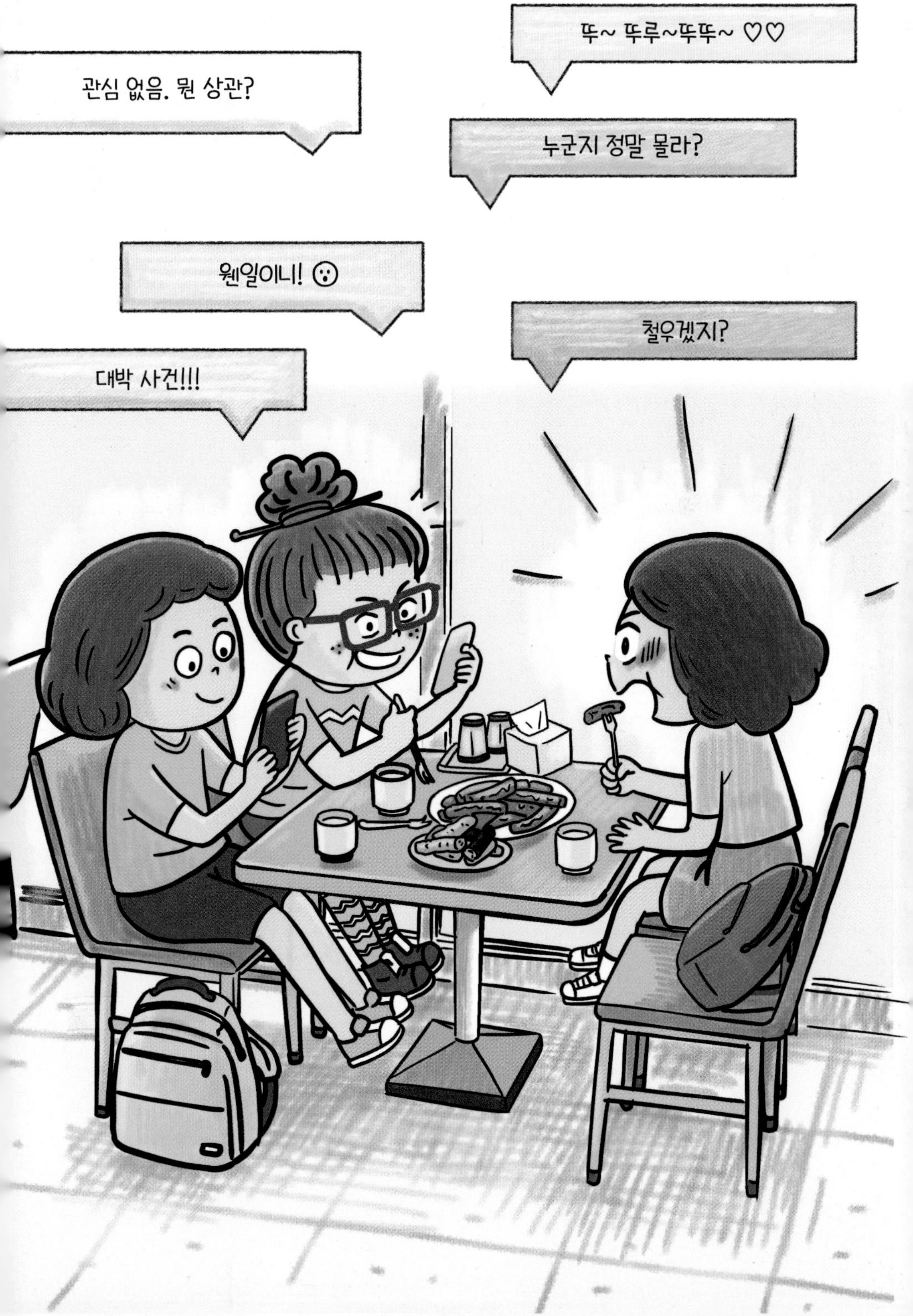
뚜~ 뚜루~뚜뚜~ ♡♡
관심 없음. 뭔 상관?
누군지 정말 몰라?
웬일이니! 😮
철우겠지?
대박 사건!!!

"왜 그래, 윤서야? 무슨 일 있어?"

"내가 지금 너한테 말하고 있잖아! 근데 너는 스마트폰만 보고 있고……. 얼굴 보면서 이야기하면 되는데, 왜 너네 둘은 사람 앞에 두고 톡만 하는 거야? 나 왕따시키는 것 같잖아."

윤서는 섭섭한 표정으로 말했지만, 송아는 솔직히 자기가 뭐를 잘못했는지 알 수 없었다. 윤서의 스마트폰이 깨져서 지금 사용할 수 없다는 걸 알고 있었다. 윤서가 스마트폰을 보지 못하니까 괜히 친구들에게 심술을 부리는 것처럼 보였다. 그래도 한발 물러서기로 했다.

"내가 너무 톡에 정신이 팔렸나 봐. 미안. 그런데 이상하게 톡으로 말할 때 마음이 가장 편해."

혜림이도 뽀로통하게 변명했다.

"왕따라는 말은 좀 그래. 톡으로 말하는 게 익숙하다 보니 그냥 습관적으로 톡을 한 것뿐이잖아."

윤서의 표정이 심상치 않았다. 뭔 일이 있는 게 분명했다. 송아가 윤서에게 물었다.

"그래서 할 말이 뭐야?"

"아니야, 됐어. 나중에 얘기하자. 그리고 나 먼저 갈게."

"어? 벌써? 아직 떡볶이 많이 남았는데……."

떡볶이를 먹자고 한 건 윤서였다. 일부러 사과도 했는데 삐져서 먼저 가 버리는 윤서를 보니까 어이가 없었다. 송아와 혜림은 덩그러니 놓인 떡볶이를 바라봤다. 혜림이 말했다.

"우리가 뭘 잘못했다고 저렇게 예민하게 구는 거야? 그냥 잠깐 톡 좀 한 건데."

윤서가 맛있는 떡볶이 시간을 망친 것 같아 송아도 기분이 상했지만, 윤서를 달래야겠다고 생각하며 말했다.

"그래도 윤서 괜찮은지 이따 문자 보내 봐야겠다. 참, 윤서 핸드폰 없지?"

두 사람이 떡볶이집을 막 나가려는데 주인 할머니가 말씀하셨다.

"대화할 때는 눈을 봐야지. 그래야 마음을 알 수 있어. 먼저 간 친구도 뭔가 속상한 일이 있었던 거 같더구나."

송아는 짧게 "네." 대답하고 떡볶이집을 나왔다. 속상한 일이라는 게 스마트폰이 망가진 거라고 확신했다. 요즘 윤서가 톡도 자주 못 하고 인스타에 '좋아요'도 누를 수 없다는 걸 알고 있었기 때문이다.

송아는 혜림과 헤어지고는 다시 스마트폰을 보면서 지하철을 탔다. 이모 딸 희영의 생일 파티가 있어서, 학교가 끝나면 이모 집에 가기로 했기 때문이다. 희영을 떠올리니까 저절로 엄마 미소가 지어졌다. 송아는 지하철 의자에 앉아 스마트폰을 보면서 대나무숲 고백 사건에 대해 친구들과 대화를 나눴다.

– 난 고백받은 사람이 철우라고 생각해. 철우가 윤서와 사귀니까 대놓고 고백하지 못하고 대나무숲에 올린 거 아닐까?

혜림의 톡을 보고 나니, 윤서에게 실수한 것 같아 신경이 쓰였다.

'혹시 윤서가 나한테 철우 얘기를 하려고 했던 건가?'

윤서는 지금 스마트폰이 없어서 철우랑 연락을 못 하고 있었을 거다. 생각해 보면 요즘 윤서랑 철우가 좀 서먹한 듯 보였다. 그런데 절친인 송아가 떡볶이를 먹는 내내 스마트폰만 붙잡고 있었으니 답답했을 수도 있다.

'내가 너무 바보 같았어.'

송아는 윤서의 절친으로서 후회되고 미안했다. 윤서에게 어떻게 사과해야 할지 고민스러웠다. 송아는 이 얘기를 혜림에게 톡으로 보냈다. 혜림도 미처 생각하지 못했다면서 우는 이모티콘을 대화창에 올렸다. 그때였다.

"지금 내리실 역은……."

안내 방송이 들렸다. 송아가 내려야 할 역이었다. 송아는 문이 열리자마자 얼른 밖으로 나와 계단을 올라갔다. 승차권을 태그하고 밖으로 나오려는 순간, 허전한 느낌이 들었다.

"으악, 망했다! 내 가방!"

늘어져라~ 늘어져라~

대화할 때는 상대방의 눈을 보고 말해요.

'콜포비아', '전화포비아'라는 말을 들어 본 적 있어? 요즘 전화 통화를 싫어하거나 일부러 피하는 사람이 많아져서 생긴 말이야. 전화가 울리면 긴장해서 식은땀이 나는 사람도 있대. 직접 이야기하는 것보다 문자나 톡, 이메일을 보내는 게 더 편하다고 느껴서 그런 거래.

문제는 전화 통화만이 아니라 서로 마주 보고 앉아 있을 때도 스마트폰을 본다는 거야. 가끔 식당에 가서 둘러봐. 같은 테이블에 앉아서도 각자 스마트폰을 보며 밥 먹는 사람들이 꽤 있어. 그래서 요즘 대화하는 방법을 잊어버린 사람이 늘었다고 하더라. 이야기를 나눠도 상대에게 공감하기보다는 내 이야기만 하고 마는 거지. 계속 이러다 보면 우리는 서로의 진심을 이해하기 어려워질 수도 있어.

대화할 때는 상대방의 눈을 봐야 하는 것도 이 때문이야. 그래야 어떤 표정을 짓는지 알 수 있잖아. 마음을 읽을 수는 없어도 볼 수는 있는 거거든. 예를 들어 톡에서는 뻔뻔하게 거짓말을 해도 몰라. 그러나 면전에서 거짓말을 하면 티가 나. 메시지는 목소리가 들리지

않기 때문에 상대방의 말을 내 의도대로 오해하는 경우도 생겨.

또, 너무 많은 문자 메시지를 받다 보니, 건성으로 보게 되는 문제도 생겼어. 대화창이 너무 많아서 모든 내용을 꼼꼼히 보는 것도 정말 힘든 일이 되었거든. 그러니 중요한 내용도 놓치게 되는 거지. 그만큼 우리는 톡의 홍수에 빠져 살고 있단다.

떡볶이 집에서 뻘쭘했을 윤서를 생각해 봐. 네가 윤서였다면 송아와 혜림에게 섭섭하지 않았겠어? 이제 대화를 나눌 때는 스마트폰을 가방에 넣어 두고 상대방 이야기에 귀를 기울여 보자. 그래야 친구의 마음을 놓치지 않을 수 있어.

14
스마트폰과의
전쟁 선포

: 나은 이야기

아침에 눈을 뜬 나은은 팔을 뻗어 핸드폰을 찾았다. 아무리 침대 주변을 더듬어도 폰이 만져지지 않았다. 맞다, 토요일이다! 그 순간 눈이 번쩍 뜨이면서, 자기 머리를 주먹으로 콩콩 박았다. 한 달 전부터 주말 중 하루는 스마트폰 없이 지내고 있었기 때문이다. 벌써 네 번째 주말을 맞이하고 있음에도 나은은 여전히 익숙해지지 않았다.

처음엔 진짜 마음에 들지 않았다. '스마트폰과의 전쟁 선포'라는 거창한 슬로건을 내걸고 시작된 아빠의 주말 프로젝트였다. 가족 모두 참여하기로 했으니 어쩔 수 없는 노릇이었다. 그러나 몇 주 지나면서 제법 다양한 놀이 문화가 생겨 나고 있었다.

거실로 나온 나은은 일단 부엌으로 가서 물 한 컵을 마셨다. 그러고는 소파에 앉아 멍하니 창밖을 보다가 소파 옆 탁자 위에 나란히 놓인 스마트폰으로 눈을 돌렸다. 나은은 톡을 보낸 친구가 있지 않을까, 핸드폰이 궁금했다.

엄마와 아빠는 부엌에서 아침 식사를 준비했다. 금세 식탁 위에 토스트와 달걀부침, 약간의 샐러드가 놓였다. 아빠가 하얀 우유를 컵에 따르면서 내 눈치를 보듯 말했다.

"밥 먹고 졸리면 더 자도 돼. 친구 만나러 나가도 되고."

"친구 만나는 건 공부 다 하고 나서야."

아빠의 말을 끊으며 엄마가 불쑥 말했다. 나은은 미간을 찌푸렸다. 주말에 스마트폰도 하지 못하는데 공부도 안 하면 안 되는 걸까? 엄마는 단호박처럼 단호하다고 생각했다.

"잘 먹었습니다."

나은은 아침 식사가 끝나자마자 방으로 들어가 누웠다. 어젯밤에 푹 자서 졸린 건 아니었다. 나은은 멍하니 책상을 바라보다가, 책꽂이에 꽂혀 있는 만화책을 몇 권 발견했다. 2학년인가 3학년 때 엄청 좋아했던 코믹 만화책 시리즈인데 오늘따라 나은의 눈에 들어왔다.

나은은 4학년 때 첫 스마트폰을 선물로 받았다. 스마트폰을 사용한 지 겨우 1년이 넘었지만, 그땐 스마트폰 없이 불편해서 어떻게 살았나 싶었다. 3학년 때까지는 시간 있을 때마다 방에 누워 만화책을 보곤 했다. 그 시간을 가장 좋아했었다. 요새는 그런 만화책을 유치하다고 생각해서 꺼내 보지 않았는데, 오랜만에 보니 너무 재미있어서 혼자서 한참을 웃으며 만화책에 빠져 있었다.

만화책을 다 보고는 책상 의자에 앉아 서랍을 뒤지다 슬라임을 꺼냈다. 부드럽고 말랑말랑한 슬라임을 천천히 늘리다가 손바닥 위에 올려놓고 손가락으로 눌러 봤다. 슬라임이 손가락 사이로 스르륵 빠져나가는 느낌이었다. 다양한 색깔의 슬라임을 섞어 보기도 했지만, 재미가 없었다. 이번에는 색종이를 꺼내서 오리고 붙였다. 그러다가 배도 만들어 보고 종이학도 접었다. 하지만 시간이 조금 지나니 금방 지루해졌다.

갑자기 보드게임이 생각났다.

"엄마, 아빠. 우리 같이 부루마블 해요!"

"와, 오랜만이네. 그래 한 판 하자!"

엄마도 오늘따라 적극적이었다. 셋이 둘러앉아 승자를 가릴 때까지 치열하게 했다. 부녀간, 모녀간, 부부간도 필요 없는 보드게임 한 판이었다. 결국 아빠가 가장 먼저 파산했다. 나은도 곧 파산했지만 사고 싶은 도시를 다 사서 그나마 위로가 되었다.

"자, 엄마가 이겼으니, 엄마 좀 도와주지 않을래?"

엄마는 요즘 식물 키우기에 빠져 있었다. 오늘은 분갈이를 한다고 말했다. 흙과 새 화분이 나은의 눈에 들어왔다. 나은은 엄마 옆으로 다가가 쪼그려 앉아 흙을 만졌다. 오랜만에 느끼는 흙의 감촉이 나쁘지 않았다. 찬찬히 둘러보니 엄마는 분갈이만 할 생각은 아닌 듯했다. 긴 화분도 여러 개 보였다. 엄마가 그곳에 흙을 담으라고 했다. 나은은 모종삽으로 흙을 퍼 화분에 넣었다. 고르게 펴려고 모종삽 등으로 팡팡 두드렸다. 엄마가 상추 모종을 건넸다. 다시 모종삽으로 화분 가운데 흙을 파내고 그 안에 상추를 심었다. 모종삽을 사용하는 게 익숙하지 않아서 불편했다. 나은은 모종삽 대신 손가락으로 구멍을 파고 모종을 정렬했다. 옆으로 눕지 않고 똑바로 서도록 흙을 꾹꾹 눌러 주었다. 그렇게 긴 화분 두 개에 상추 모종을 심었다. 엄마가 물뿌리개로 화분에 물을 줬다.

그걸로 끝이 아니었다. 엄마는 베란다에 텃밭을 만들려고 작정한 모양이었다. 방울토마토 모종이라며 나은에게 건넸다. 흙을 고르게 펴고 방울토마토를 심었다. 엄마가 단단한 대를 꺼 넣었다.

"나중에 열매가 무거워져서 가지가 부러질 수 있거든."

엄마가 시범을 보이자, 나은도 옆에서 지지대를 화분에 꽂았다. 뽀로통 입을 내밀면서 시작한 일인데 은근히 재미있었다. 엄마가 집에서 쌀국수를 만들어 주겠다며 향이 강한 고수도 심었다.

상추와 방울토마토, 고수까지 다 심고 나서야 진짜 분갈이를 시작했다. 엄마는 꽃기린의 가지를 꺾어서 그동안 모아 뒀던 일회용 플라스틱 커피 컵에 그냥 꽂았다.

"이러면 다 죽는 거 아니에요?"

"아니야. 자라면서 여기에 뿌리를 내릴 거야. 그때 큰 화분에 옮겨 심으면 되는 거란다."

나은은 신기했다. 가지에서 뿌리가 난다는 생각은 한 번도 해 보지 않았다.

이렇게 집 안에서 보내는 토요일이 잘도 흘러가고 있었다.

친구들은 스마트폰 없는 주말은 상상도 할 수 없다며, 나은에게 대단하다고 했다. 아빠의 '스마트폰과의 전쟁 선포'를 말했더니, 강두는 나은에게도 '아빠와의 전쟁 선포'로 맞받아치라고 했다.

친구들이 스마트폰 없는 하루 보내기를 너무 끔찍하게 여기니, 나은은 오히려 '그정도는 아닌데…….' 하는 생각을 스멀스멀 하게 되었다. 사실 나은도 처음엔 상상도 못 할 일이었지만, 스마트폰을 끼고 살 때보다 더 활동적인 하루가 흘러가고 있다고 생각했다.

그런데 지난주에 일이 커졌다. 나은네 스마트폰과의 전쟁을 선생님도 알게 되면서 반 전체 주말 과제가 된 것이다. 선생님은 너무 좋은 생각이라며 반에서 다함께 참여해 보자 하셨다. 스마트폰 없는 하루를 보내고 발표하기. 이번 주말 나은처럼 스마트폰 없는 하루를 실천하고 있는 친구들이 있을 것이다.

"여러분, 실패해도 괜찮아요. 그동안 얼마나 스마트폰에 의존하면서 살아 왔는지, 한번 느껴 보는 기회를 가져 보도록 해요. 선생님도 참여할게요! 가족 모두 함께 도전하면 더욱 좋겠지요?"

선생님은 자율적인 참여를 권했지만, 어쨌든 선생님의 제안에 여기저기서 곡소리가 터져 나온 것은 너무나 뻔한 반응이었다. 그날 이후 나은은 한동안 뒤통수가 많이 따가웠다.

"힝, 괜히 선생님한테 얘기했나 봐."

"우리 엄마는 스마트폰 없이 못 살아. 가족 다 같이 해야 한다고 말하면, 우리 엄만 절대 안 할걸?"

"나은아! 그거 우리와의 전쟁 선포였니?"

말도 많고 불평도 많았다. 그러나 수진과 지혜가 편을 들어 줬다.

민수도 한 번쯤 해 보는 것도 나쁘지 않겠다고 말했다.

　나은은 핸드폰 없이 지내는 게 가능하다는 걸 이미 알고 있었다. 지루하긴 하지만, 스마트폰을 보느라 못 했던 일을 할 수 있었다. 시도 때도 없이 핸드폰을 찾고 있는 자신을 발견하면 친구들도 느끼는 바가 있을 것이다. 그러나 친구들이 성공할 수 있을지는 자신할 수 없었다. 나은도 겨우 익숙해지는 중이니까. 나은은 친구들이 스마트폰과에 전쟁에서 승리하는 하루를 보냈을지 궁금했다.

스마트폰이 없으니 대본 외우
는 데 집중할 수 있었다. 내
가 그동안 대본 외울 때 얼마
나 스마트폰을 힐끔거렸는지
깨달았다. 드디어 다 외웠다!
— 혜림

친구들과 게임하는 대
신, 밖에서 만나 배드
민턴을 쳤다.
— 민수

나는 스마트폰 없이도
살 수 있다고 생각했는
데, 막상 스마트폰이 없
으니 내가 얼마나 자주
스마트폰을 찾는지 알게
되었다.
— 윤아

엄마랑 시내에 있는 만
화 카페에 처음 가 봤다.
너무 재미있었다. 특히
만화 카페에서 끓여 주는
라면이 너무 맛있었다.
다음에 또 가고 싶다.
— 강두

방 청소를 열심히 했
다. 스마트폰을 쓸
때는 거의 누워 있
었는데, 스마트폰이
없으니 활동적이게
되는 것 같다.
— 지혜

계

심심해서 강아지 산책을 시켰는데 산책길에 강아지가 졸래졸래 걷는 게 너무 귀여워서 결국 핸드폰을 꺼내 사진을 찍고 말았다.

— 지후

스마트폰을 보지 않고 잠자는 게 힘들었다. 그래도 앞으로는 매일 잠자기 전에 스마트폰을 거실에 놓고 방에 들어가기로 부모님과 약속했다.

—수진

게임을 할 수 없는 게 가장 답답했다. 나는 사실 게임할 때만 스마트폰을 쓰는데⋯⋯. 엄마랑 아빠랑 등산을 가서 그나마 좋은 시간을 보낼 수 있었다. 아빠가 매주 하루는 스마트폰 없이 보내자고 했지만, 그건 절대 안 된다. 한 달에 한 번? 거기까지는 나도 양보하기로 했다.

— 시현

나는 하루 종일 톡 안 하기에 도전해 보았다. 할 말이 있을 때 전화 통화를 하니, 답을 기다릴 필요도 없고 편한 점도 있는 것 같다.

— 송아

스마트폰 없는 하루, 도전해 보세요.

스마트폰에 마음을 빼앗기면 우리는 우리 시간의 주인이 되기 어려워. 모든 톡에 바로 대답하려면 늘 스마트폰을 쥐고 있어야 하고, 유튜브나 쇼츠는 정말 내 마음을 들여다보듯 보고 싶은 것을 알아서 찾아 주니 시간 가는 줄 모르지. 그러니 바쁜 일상 속에서 스마트폰이 휴식이 된다면 산책할 때도 스마트폰, 잘 때도 스마트폰, 밥 먹을 때도 스마트폰, 스마트폰의 노예가 될 수 있어. 특히 자면서 스마트폰을 보게 되면 수면의 질이 안 좋아지고, 잠을 못 자면 입맛이 떨어지고, 밥을 제대로 안 먹으면 성장을 방해하지. 어디서 시작되었건 정말 폭망의 순환 고리 같아. 그래서 말이지, 우리는 이 고리를 한 번쯤 끊어 내 볼 필요가 있어.

스마트폰이 없으면 큰일 날 것 같지만, 사실 아무 일도 안 일어나. 스마트폰이 옆에 없어서 초조함을 느낀다면, 그동안 스마트폰의 노예로 살아왔다는 증거야. 스마트폰 없이 할 수 있는 일일 계획을 생각해 봐. 동화나 만화책을 잔뜩 읽을 수 있고, 가끔은 그냥 멍 때리기도 좋아. 차 안에서도 스마트폰이 없다면 바깥 풍경을 볼 수 있겠지. 심심하면 밖에서 놀 친구를 찾아보게 되기도 하고. 무슨 일을 하든지 스마트폰의 방해 없이 해 보는 건 좋은 경험이 될 거야.

급변하는 시대에 너희가 성인이 되어 살아갈 미래를 감히 마음대로 상상할 수 없겠지만, 개인 스마트폰 없이는 살 수 없는 세상일 거야. 불과 10년

안에 너희들도 성인이 되고 스마트폰이 없으면 본인인증조차 불가능할 테니까.

평생 지니고 살아야 할 휴대폰! 절대 휴대폰이 우리의 시간을 지배하게 내버려두지 말자. 그러니 가끔씩은 스마트폰 없는 몇 시간, 스마트폰 없는 하루, 스마트폰 없는 주말 등을 계획해 보는 건 어때? 말했지? 절대 아무 일도 일어나지 않는단다.